주님..이 사람입니다

주님..이 사람입니다

초판 1쇄 발행 2015. 7. 10.

지은이   김주한
펴낸이   방주석
펴낸곳   베드로서원
주 소   서울시 동대문구 천호대로2길 23-3 (신설동)
         진흥빌딩 501호
전 화   02)333-7316
팩 스   02)333-7317
이메일   peterhouse@daum.net
창립일   1988년 6월 3일
등 록   (제59호) 2010년 1월 18일

ISBN   978-89-7419-344-7 03230

책값은 뒤표지에 있습니다.

베드로서원은 말씀과 성령 안에서 기도로 시작하며
영혼이 풍요로워지는 책을 만드는 데 힘쓰고 있으며,
문서선교 사역의 현장에서 세계화의 비전을 넓혀가겠습니다.

나의 힘이신 여호와여 내가 주를 사랑하나이다(시 18:1)

주님..이 사람입니다

김주한 지음

*

 하나님께서는 태초에 사람을 창조하셨습니다. 그러나 그보다 더 정확한 표현은 하나님께서 태초에 '남자와 여자(부부)를 지으셨다!'는 말이 더 분명한 의미의 말씀이 될 것입니다.
 어느 위기부부 상담클리닉에 나온 한 남편의 말 중에 '남자와 여자가 같은 사람이라는 것을 빼고는 나와 모든 것이 다르다!'고하는 것을 배웠고 그것으로부터 치유가 시작되었다고 하는 말을 들은 일이 있습니다.
 베드로전서 3:7을 보면 "남편들아 이와 같이 지식을 따라 아내와 동거하라!"고하는 말씀이 나옵니다. 즉 이성에 대한 지식이 없는 동거는 끊임없는 마찰과 갈등과 대립의 연속이 되고 맙니다

*

 우리가 하나님에 대해서 잘 알고야 그분과 동행할 수가 있는 것과도 같습니다. 남편이라면 여자로서의 아내를 알고서야 평안한 동거가 가능해집니다. 마찬가지로 아내라면 남자로서의 남편을 알고서야 수월한 결혼생활을 영위할 수 있는 것입니다.
 같은 사람이면서도 또 한편으로는 많은 것이 다른 남자와 여자라고 하는 차이를 성경적 관점에서 살펴보고자 본 책을 집필하게 되었습니다.
 만나서 부부가 되는 과정은 각기 다르다고 할찌라도 짝 지워주시고 신비한 연합으로 하나 되게 하신 분은 하나님이신 것을 이 책을 읽는 모든 부부들이 경험하게 되시기를 바라며 사랑하는 나의 짝인 아내 소연에게 이 책을 선물합니다.

2015년 새봄을 맞으며..

CONTENTS

< 크리스천 신혼(결혼)생활의 모든 것 >
부부들을 위한 결혼 지침서

제1강 둘이 한 몸을 이룰지라! 하나 됨의 비밀

들어가기 14
1. 서로 다르다는 것 인정하기 15
2. 서로 다른 것을 수용하기 20
3. 서로 다르지만 하나 되기 23
4. 부부.. 그리스도와 교회 26

제2강 말씀을 따라서.. 영적연합

들어가기 30
1. 연합의 방해꾼 31
2. 연합의 요소 34
3. 인격적인 필요 36
4. 반응들 38
5. 연합의 핵심 40

제3강 성(聖)스러운 성(性) 육적연합

들어가기 46

1. 성 창조의 목적 48

 1) 하나님께서는 부부가 "생명을 창조"하도록 성을 선물로 주셨다
 2) 하나님께서는 부부의 "친밀한 하나 됨"을 위해 성을 선물로 주셨다
 3) 하나님께서는 "부부의 즐거움"을 위해 성을 선물로 주셨다
 4) 하나님께서는 "음행을 피하도록" 성을 선물로 주셨다
 5) 하나님께서는 "부부의 위로"를 위해 성을 선물로 주셨다

2. 순간적 쾌락이냐? 영원한 가치냐? 60

 1) 흥미를 쫓는 섹스
 2) 인격적 관계표현

3. 성적 권태 62

제4강 남편코칭

들어가기 70

1. '사랑해요!'라고 말해주세요! 72
2. 정서를 나누는 '대화'를 원해요! 74
3. '솔직한 당신'을 원해요! 76
4. '경제권'을 원해요! 77
5. 가정에 '관심'을 가져 주세요! 80
6. 저는 당신의 '거울'입니다! 83
7. 오직 '나만을' 사랑해 주세요! 84

제5강 아내코칭

들어가기 90

1. '성적만족'을 원해요! 92
2. '취미와 여가'를 같이 누리기를 원해요! 94
3. '자신을 가꾸기'를 원해요! 96
4. '내조'를 원해요! 99
5. '존경'을 원해요! 102
6. '격려'와 '인정'을 원해요! 103
7. '순종'을 원해요! 105

제6강 부부싸움과 이혼방지법

들어가기 110

1. 부부싸움을 위한 10가지 계명 111

1) 둘 다 패자가되는 소모전에 치우치지 말라!
2) 동시상영은 금물!
3) 분노의 공소시효는 해지기까지!
4) 싸우되 사각의 링 안에서 싸우라!
5) 흐지부지 끝내지 말 것!
6) 부부싸움은 싱글매치이지 태그매치가 아니다!
7) 인격모독을 하지 말 것!
8) 싸워서는 안 되는 경우가 있는 것을 잊지 말라!
9) 싸움을 두려워하지 말라!
10) 설득시키기보다는 공감시키기!

2. 이혼 방지법 119

1) 극단적이고 흑백논리적인 언어를 사용하지 말라!
2) 과거집착형의 말을 많이 하지 말라!
3) 비교의식은 사탄이 파놓은 함정임을 잊지 말라!

제7강　사랑과 순종 (에베소서5:22~33강해) 126

제8강　수직윤리 수평윤리 144

제9강　부부를 위한기도와 부부가 드리는 예배

1. 부부를 위한기도 152

2. 부부가 드리는 예배 156
　1) 약혼예배
　2) 신혼여행예배
　3) 결혼기념일예배(1)
　4) 결혼기념일예배(2)
　5) 부부의 여행 중에 드리는 예배

그런즉 이제 둘이 아니요 한 몸이니
그러므로 하나님이 짝지어 주신 것을
사람이 나누지 못할지니라 하시니

마태복음 5:6

제1강

둘이 한 몸을 이룰지라!
하나 됨의 비밀

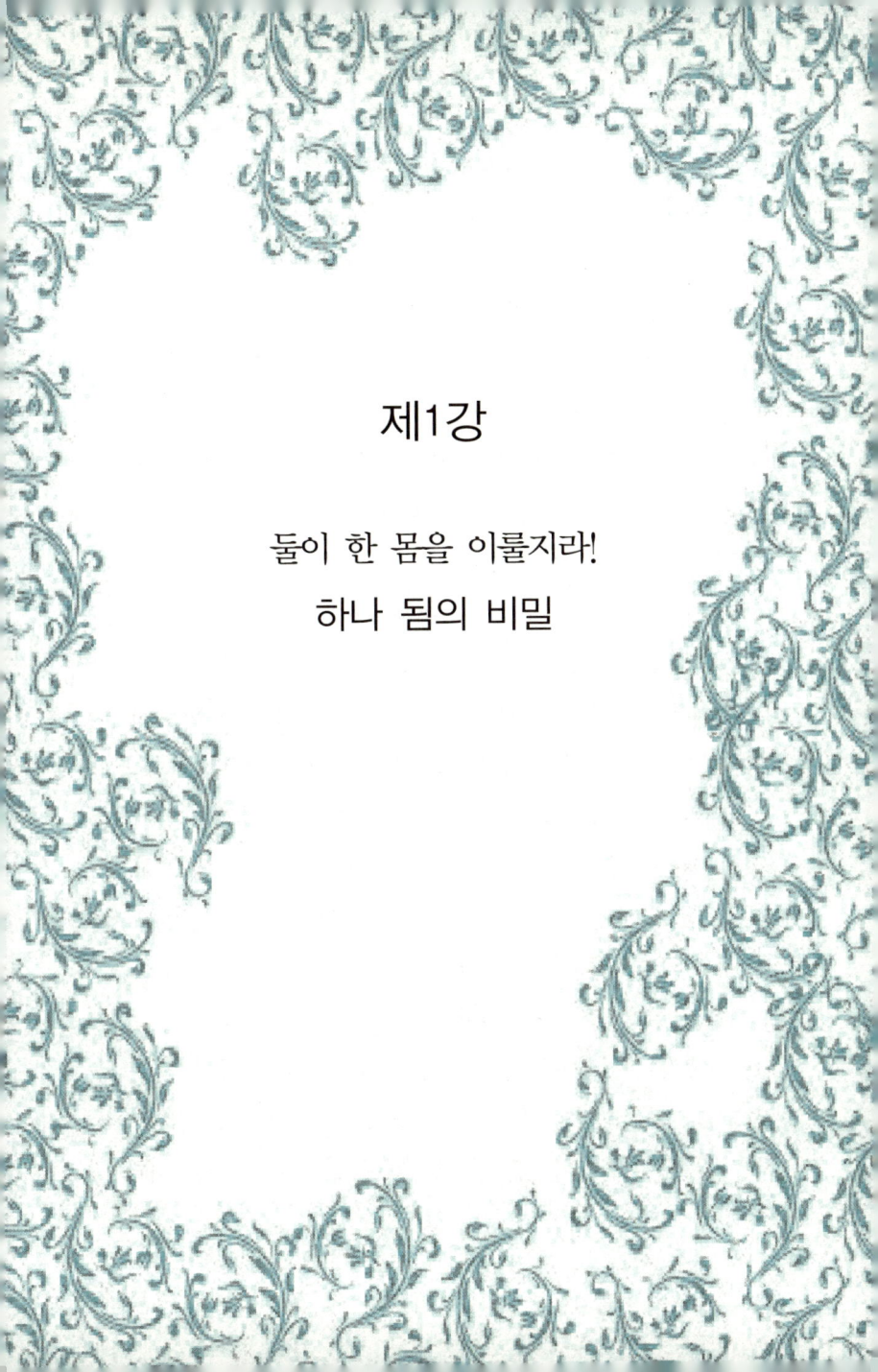

들어가기

 가장 근원적이고 광범위한 문제이기에 오히려 다루기가 어려운 것이 있는데 그중의 하나가 바로 부부간의 문제일 것입니다. 결혼을 통해 이루어진 부부관계는 모든 사회구조를 이루는 뿌리가 된다는 점에는 두말할 나위도 없을 것입니다. 하지만 가장 밑바닥을 이루는 부분이어서 쉽사리 닿을 수도 없고 접근하기도 수월치 않은 것이 사실입니다.

 또한 그렇게 중요한 부분이어서 그 만큼의 정성과 시간을 투자해야 할 텐데도 불구하고 많은 사람들이 정작 중요한 것은 제쳐두고 대수롭지 않게 여기는 경향이 있듯이 바로 부부관계와 가정에 대한 인식이 그와 같다고 하겠습니다.

 시대가 변하면서 많이 바뀌었다고는 하나 아직도 시간이 흘러 돌이킬 수 없는 나이가 되어서야 가정과 배우자에 대한 인식을 새롭게 하는 사람들을 우리주위에서 찾아볼 수 있는 것은 매우 안타까운 일이라고 하겠습니다.

 기초가 튼튼해야 모든 부분에서 건강하게 된다고 하는 이 단순하고 기본적인 진리를 우리는 잊고 살 때가 많이 있는 것 같습니다. 이 강의를 통해 이제 새로운 제2의 삶을 살아가야 하는 신혼부부들이 첫 단추를 잘 끼웠으면 하는 바램입니다.

1. 서로가 다르다는 것 인정하기

이제 막 행복한 결혼생활을 시작하려고 하는 사람들에게 있어서 아이러니하게도 불행한 결혼생활을 하고 있는 사람들의 한결같은 고백이 있다면 이는 한번 귀 기우려볼만 할 것입니다.

그 한결같은 고백의 중심에는 무엇이 있냐하면 내용은 다르다할지라도 결국 속으로 들어가면 **불행의 원인을 자신에게 두지 않는다고 하는 공통점**이라고 하겠습니다.

이와 같은 사람들은 자기착각에 빠져 사는 사람들이라고 할 수 있습니다. 한 결 같이 나는 괜찮은데 상대방이 문제라고 하는 것입니다. 이처럼 자신은 모든 면에서 바르고 완벽하다고 생각하는 한 결혼생활은 불행할 수밖에 없습니다. 결혼은 완전한 사람들의 만남이 아니라 불완전한 사람들끼리의 결합이기 때문입니다.

이 세상에는 완전한 사람이 있을 수 없습니다. 즉 나 혼자

만으로는 부족하다고 느낄 때 우리는 비로소 배우자를 찾게 되는 것입니다. 성경은 사람이 혼자 있으면 제자리걸음만 하고 자기방식 속에 모든 것이 고착되어 버린다고 말씀하고 있습니다. 독신자들에게는 미안하지만 결혼하지 않고는 아무리 나이가 많아도 애들이라고 말하는 어른들의 말은 일리가 있는 말이라고 하는 사실입니다.

우리는 결혼생활이 요구하는 끊임없는 도전 속에서 늘 자신을 초월하고 발전하고 성장하여 성숙한 모습으로 나아갈 수 있다는 것입니다. 그런 의미에서 극단적으로 결혼의 필요성을 인정하지 않는 사람들은 자만과 독선에 빠져있는 사람들이라고 볼 수 있습니다.

스스로 아무것도 부족한 것이 없고 아쉬운 것이 없다는 사람들입니다. 그러나 그들의 내면에서는 끊임없는 열등감이 존재합니다. 그래서 끊임없는 완벽을 추구해야 만이 사람들이 자신을 사랑해줄 것이라는 생각을 하게 되는 것입니다.

자신의 부족한 부분을 열어 보인다는 것은 거의 불가능한 일이 되고 맙니다. 빈틈이 없는 사람에게는 접근할 사람도 많지 않은 것이 이치입니다. 결국 자신의 부족을 채워줄 사람은 어디에도 없고 완벽한 척만 하면서 위선적으로 살게 된다는 것입니다.

그러므로 진정으로 행복한 결혼생활을 위해서는 나를 알리고 상대방을 알려고 하는 이 기본적인 지식의 바탕위에 있어야 한다는 것입니다. 나의 부족한 점과 장점을 포함한 나의 본 모습 그대로를 의미합니다.

그런데 연예와 신혼초기에 우리는 소위 감미로운 밀월의 단계를 지나게 됩니다. 이때는 상대방을 너무도 쉽게 그리고 어떻게 보면 놀라울 정도로 서로를 잘 이해합니다.

"우리는 모든 면에서 서로 취향이 같아요.. 많은 부분에서 의견이 일치하고 모든 것을 의논할 수 있어요.. 제가 무슨 말을 하려고 입을 열기도 전에 서로 같은 생각을 하고 있었어요.. 우리는 서로의 소원을 다 알고 있고 서로의 감정을 모두 이해 한 답니다!" 라고 이야기 합니다.

그러나 시간이 흐른 뒤 비로소 상대의 전라를 보았을 때 분명히 나와는 다르다는 것을 발견하게 됩니다. 저렇게도 다른데 연예시절에는 어떻게 그렇게 콩깍지가 끼어서 모든 부분이 같다고 생각했는지가 신기할 따름입니다.

'폴투르니에'라는 상담심리학자는 말하기를 "남자와 여자는 사람들이 생각하는 것보다도 근본적으로 다르다"고 했습니다. 여기서 우리가 알아야하는 중요한 사실은 상대와 내가 다르다는 것이지 틀렸다거나 잘못됐다는 부분이 아니라는 것입니다. 다른 것이지 틀린 것은 아니라는 말씀입니다.

20~30년 이상의 세월을 다른 배경과 환경에서 성장했다고

는 하지만 같은 문화 안에 같은 말 쓰는 민족인데 무슨 차이가 그렇게 많이 나겠냐고 말할 수 있겠지만 각 집마다 장맛이 다르듯이 복합적인 정황에 따라 둘은 상이한 차이점을 갖게 됩니다.

이를테면 남자들게 남자들만의 언어가 있다면 여자들은 여자들만의 언어가 있습니다. 학교에서 선생님들끼리 쓰는 언어의 바운더리가 있고 의사 선생님이 쓰시는 용어의 바운더리가 있습니다. 자신들의 범주에서 사용하는 언어에 갇히는 경우가 바로 그와 같습니다.

세계적인 언어학자인 조지타운대학의 언어학교수인 '데보라 테넌'박사는 남자와 여자는 근본적으로 각기 다른 성(性)방언을 쓰고 있다고 말했습니다. 그리고 남녀 간 불화의 90%는 바로 이 같은 서로의 성(性)방언을 이해하지 못하는 데에서 비롯된다고 했습니다. 남자는 말 자체를 중요시 여기는데 반해 여자는 말의 속뜻을 생각하며 여자는 대화를 통해 공감과 위로를 얻고자하지만 남자는 해결책을 제시하거나 충고를 하려든다고도 했습니다.

이를테면 차를 타고 가다가 치적 치적 비가 내린다고 할 때 아내가 "밖에 비가 오네요.."하면 이것은 감성을 나누고자 하는 아내의 말입니다. 그러나 남편이 "보면 몰라!"내지는 "오늘 예보에 비 온다고 했다!"하는 남편의 대답은 '비'가 아내와 같은 감성이 아닌 일종의 정보로서 처리되고 있다고 할 수 있습니다. 이렇게 '비'라고 하는 대화의 매개체가 여성은 주로 감성을 공유하고자하는 의미에서 다루어지며 남성은 대체로 모든 대화가 정보로서 수용된다는 것입니다.

그래서 남자는 신문을 읽지 않으려는 여자를 이해하지 못하고 여자는 남자가 아침마다 신문에 몰두하는 것은 자신과 자녀에게 관심이 없어서라고 받아드립니다. 남자는 뉴스를 보거나 비꼬는 듯 한 코미디 프로를 좋아하고 여성은 드라마를 보며 감성에 젖기를 좋아합니다. 남자는 새로운 뉴스의 내용에 더 많은 관심이 있는데 반에서 여자는 정보 보다는 드라마 주인공의 운명에 더 많은 관심이 있습니다.

여자가 받고 싶어 하는 것은 관심, 이해, 존중, 헌신, 공감, 인대 반하여 남자가 받고 싶어 하는 것은 신뢰, 인정, 감사, 찬미, 찬성 입니다.

이렇게 서로의 차이점을 이해하지 못해 일어나는 다툼을 일컬을 때 등장하는 동물들이 있습니다. 사이가 별로 좋지 못하거나 공존하기 어려운 관계를 두고 흔히 개와 고양이에 견주곤 합니다. 같은 집에서 가축으로 길들여진 두 동물이 서로 어울리지 못하는 이유는 무엇일까를 연구했더니 그것은 두 동물이 의사를 표현하는 형태가 아주 다르기 때문이라고 합니다.

예를 들면 개가 서로 놀자고 앞발을 올리는 동작이 고양이에게는 공격의 신호로 받아들여지고, 개가 호감을 표시하기위해 꼬리를 세우고 흔드는 것이 고양이에게는 위협의 신호라는 것입니다. 또 개는 귀를 뒤로 젖혀서 복종의 뜻을 나타내지만 고양이는 공격할 때 그와 같은 자세를 취한다고 합니다. 하나에서 열까지 의사표현이 반대로 작용하고 있는 것입니다. 그러므로 개와 고양이 사이에는 제대로 된 교감이 이루어지기 만무한 일이 됩니다.

그러므로 각기 받아들이는 의사표현이 상이한 남녀 간에도 둘 사이에 교감이 이루어지기 위해서는 서로를 아는 지식이 필요하고 또한 그것을 익히는 기술 이 뒤따라야 한다는 것입니다.

2. 서로 다른 점을 수용하기

서로의 차이점이 있다는 것을 지식으로만 받아들인다면 발전은 있을 수 없습니다. 단순히 A를 A로 아는 것과 왜 A가

되었는지를 아는 것은 커다란 차이가 있기 때문입니다. 그런데 우리는 이 부분이 얼마나 중요한지를 사실상 잘 모르고 있습니다.

우리는 서로가 이야기를 할 때에도 이해시키지 못했으면서 상대가 모든 것을 이해해 줄 것이라고 착각하고 또는 말해봐야 이해 못할 것이라고 단정합니다. 귀는 있으나 소통이 되지 않는 귀머거리의 대화인 경우가 많이 있다는 것입니다.

대부분 자신의 의견만을 일방적으로 이야기 하거나 자신의 정당함을 위해 그리고 상대를 비난하기위해 대화를 하지 서로의 마음을 진정으로 이해하기위한 대화는 찾아보기 힘들다는 것입니다. 서로의 이해를위해서 가장 먼저 접근해야하는 부분은 서로가 서로에게 솔직함이 먼저 전제되어야한다는 것입니다.

그런데 성품이 쾌활하고 사교성 있는 사람들은 쉽게 마음을 열 수 있다고 하지만 정말로 자신을 완전히 드러내는 일은 쉬운 일이 아닙니다. 상당한 용기가 필요한 일입니다.

이와 같이 상대를 진심으로 이해하려는 마음이 싹틀 때 이것이 진정한 사랑의 감정이 됩니다. **이해와 사랑은 아주 밀접한 관계에 있기 때문에 이해받고 있다고 느끼는 사람은 사랑받고 있다고 느끼며 사랑받는 감정은 곧 이해의 감정이라는**

것입니다.

상대를 둘러싸고 있는 후광을 벗겨버리고 상대의 진정한 모습과 현재의 모습을 있는 그대로 받아 주게 되는 것입니다. 이것은 매력적인 과거의 그 것과는 거리가 먼 비로소 참다운 모습의 배우자를 이해하고자 하는 진실한 노력인 것입니다.

이와 같이 발가벗겨진 현실 속의 배우자를 받아드리는 것도 또한 용기가 필요합니다. 그러한 면에서 결혼은 모험이라고 할 수 있습니다. 자신과 배우자를 지속적으로 발견해 나가는 모험입니다. 결혼생활을 통해 우리는 매일 의식의 지평을 넓혀가게 되고 또한 그 속에서 일어나는 갈등을 통해 인생에 대하여 인간에 대하여 그리고 하나님에 대하여 새로운 것을 배워나가는 기회가 됩니다.

그러나 배우자를 이해하는 데에 실패하게 되면 서로는 상대의 필요를 무시하게 되고 그것이 상대에게 또한 얼마나 중요한 것인지를 모른 채로 넘어가게 됩니다.

그리고 연애시절에는 발견되지 않던 결점들이 서서히 전면에 떠오르게 되며 이어서 그것이 도저히 참을 수 없는 지경에까지 이르게 되고 맙니다. 그리고는 "나는 저 사람을 도저히 이해할 수 없어요!"라고 이야기하게 된다는 것입니다. 정말로 행복한 결혼생활을 위해서는 서로의 이해를 위한 노력이 따라야할 것입니다.

행복은 결혼과 동시에 얻어지는 특권이 아니라 애쓰고 노력해서 성취해야 할 목표인 것입니다. 부부간의 문제는 가정폭력으로 당장에 이혼하겠다고 하는 극단적인 사람들의 문제만은 아닌 것입니다.

대부분은 자신의 상처와 감정을 무시하고 그런대로 억누르면서 살고 있지만 서로를 진정으로 이해하지(수용하지)못하기 때문에 마음은 멀리 떨어져서 살아가는 부부들이라고 할 수 있을 것입니다.

3. 서로가 다르지만 하나 되기

하나가 되었다는 말은 두 개의 용해제가 섞이어서 제3의 물질로 하나가 되었다는 말을 의미하지 않습니다. **두 개의 톱니바퀴가 완벽한 구조물을 이루듯이 서로 다른 부분들이 맞물려서 공동으로 목적을 수행한다는 의미에서의 하나 됨을 말합니다.**

'텐드우드'라는 상담심리학자는 말하기를 "결혼의 성공은 알맞은 짝을 찾는 것이 아니라 알맞은 짝이 되는데 있다!"라고 했습니다.

'부부는 반대로 만난다'고 하는 말이 있는데 이상하리만치 부부들은 상반된 경우의 기호와 성격을 가지고 있는 경우를 많이 보게 됩니다.

 남편이 점잖은 쪽이면 아내는 왈가닥이고, 남편이 외향적적 취향이라면 아내는 내성적이며, 남편이 자린고비이면 아내는 또 큰 손(?)인 경우를 보게 됩니다. 저의 부부만 보더라도 먹는 것에서 시작해서 많은 부분 상대적 성향을 띄고 있습니다. 김치 하나를 먹더라도 저는 줄기 쪽이고 아내는 이파리 쪽(?)입니다. 국으로 하자면 저는 국물만 떠먹고 아내는 건더기만 집어먹는 식 입니다.

 하나님께서는 내게 있는 것을 배우자도 있게 함으로 만나게 하지 않으십니다. 만일 하나님에 대한 신뢰가 결혼의 출발점이었다면 이는 더욱 확실한 것이 됩니다. 왜냐하면 나에게 가장 확실한 짝을 찾아 인도해 주실 것이라는 믿음이 있기 때문입니다. 그리고 그 짝은 내게 없는 부족분을 채워줄 짝이라는 것입니다. 아담이 하와를 보고 "이는 내 뼈 중의 뼈요 내 살 중의 살"이라고 한 것은 감탄의 말이기도 하지만 이 말은 **내가 불완전한 상태에서 비로소 완전해졌다고 하는 뜻**을 의미하기도합니다. 여기에는 어느 한쪽의 일방적인 헌신이나 복종의 뜻이 있지 않습니다.

엡5:21을 보면 성경은 부부가 피차 복종하라고 말씀하고 계십니다. 서로가 다르다는 이유만으로 극단적인 방향으로 치닫는 부부가 우리주위에는 많이 있습니다. 그래서 가장 흔한 성격차이에서 오는 이혼이라는 말의 이혼사유는 성경적인 면에서는 정당화될 수 없습니다. 왜냐하면 성격이 차이가 나야지 진정한 부부이기 때문입니다. 상대의 부족분을 내게 있는 것으로 채운다는 의미는 또 다른 측면에서 보면 허물을 덮는 것을 의미하고 용서를 의미하는 것입니다.

우리의 행복을 방해하는 가장 커다란 요인은 바로 이러한 이기심이라는 것을 알 수 있습니다. 대외적인 직분이나 연령이나 교육정도와는 상관없이 자신은 조금도 희생하려하지 않고 상대에게서 받으려고만 하는 성인아이의 모습은 우리가운데서 흔히 볼 수 있는 부부의 모습이기도 하다는 것입니다. 결혼을 한 이후로는 이제부터는 지금까지 자신이 받아온 사랑을 배우자와 자녀에게 다시 베풀어야 하겠는데 계속해서 받으려고만 하니 문제가 되는 것입니다.

가정상담학자 '로렌스 크랩'은 이에 아주 적절한 표현을 했습니다. "강아지에 붙어있는 진드기는 강아지의 건강에는 아무 관심이 없다 양분만 빨아먹으면 그만이다!" 이와 같은 부부는 한쪽의 일방적인 헌신으로 존속하게 됩니다. 그러나 더욱 못 볼 것은 두 마리의 진드기가 서로 달라붙어있는 경우라고 할 수 있을 것입니다.

부부..그리스도와 교회

하나님께서 이 땅에 두신 최초의 제도는 결혼제도입니다. 이 결혼을 통해서 가정의 의미를 알게 하시고 영적인 가정인 하나님 나라를 이해할 수 있게 하셨습니다. 또한 결혼관계는 그리스도와 교회와의 관계를 산 증거로 보이기위해서 하나님께서 의도하신 것입니다. 사도바울은 엡5:32에서 말씀하기를 남편과 아내의 결합을 언급한 이후에 "이 비밀이 크도다. 내가 그리스도와 교회에 관해 말하노라"라는 말씀을 통해서 하나님께서 창조질서를 이룸과 동시에 결혼관계를 두신 것은 후에 있을 그리스도와 교회의 관계를 미리 예시하고자 하신 말씀이라는 사실입니다.

이는 실로 커다란 비밀이요 오랫동안 숨겨져 왔던 신성한 진리였는데 오늘날 분명히 드러나게 된 것이라 할 수 있습니다. **결혼은 그리스도와 교회의 하나 됨을 그리고 있는 생생한 드라마인 것입니다.** 이에 따르면 오늘날의 교회도 그리스도의 신부로 준비되기 위해서는 부부가 하나 되는 결혼관계를 깊이 있게 연구해야 할 것입니다. 부부의 하나 됨의 원리를 바로 이해함으로 비로소 성경적인 바른 교회의 모습을 갖추게 될 것입니다. 부부가 하나 된다는 것은 이처럼 놀라운 하나님의 계획과 섭리를 나타내는 것입니다.

여호와 하나님이 이르시되
사람이 혼자 사는 것이 좋지 아니하니
내가 그를 위하여
돕는 배필을 지으리라 하시니라

창세기 2:18

제2강

말씀을 따라서..
영적연합

들어가기

　대부분의 기독교인의 '부부불화'는 영적인 문제에 뿌리박고 있다고 할 수 있습니다. 부부가 같은 교인이라고 할지라도 영적인 일치를 보지 못하고 어긋나게 되면 불행한 결혼생활을 이어갈 수 있습니다. 영적인일치란 다시 말해 영적인 필요를 채워주는 일을 의미합니다.
　서로의 취미나 관심사를 나누는 단순한 정서적인 차원의 일치보다도 훨씬 높은 개념의 본질적 일치를 말하는 것입니다. 주님은 말씀하시길 내 남편(아내)을 사랑하라고 하셨고 그리스도가 자기백성들을 사랑하신 것 같이 사랑하라(채워주라)고 하셨는데 그렇다면 나의 공허함과 나의 필요는 누가 채워주는가 하는 문제가 따르게 됩니다. 그럼으로 이 장에서는 주님께서 채워 주시는 영적인 변화와 치유를 경험하게 되었으면 합니다.

1. 연합의 방해꾼

동서양의 크리스천을 불문하고 '부부관', '가정관'에 대한 사람들의 잘못된 인식을 몇 가지 들자면 첫째는 가정 문제를 그다지 심각하게 받아드리지 않는다는 것이고 그를 위해서는 별다른 노력을 기울이지 않아도 되는 단순한 것으로 취급하려는 것입니다. 부부간의 문제를 해결하기 위해서 마치 아스피린 한 알 먹으면 머리가 깨끗해져 단잠을 잘 수 있는 문제로 생각한다면 이는 큰 오산입니다.

대부분의 부부관계는 복잡다난한 관계로 얽혀있는 것이 사실입니다. 수학공식처럼 1단계 2단계를 거처 답이 떨어지지 않는다는 것입니다. 그러므로 처음부터 간단하고 신속한 해결책(처방전)을 구하려 들지 말아야한다는 것입니다. 해결까지 상당한 시간과 노력이 필요한 일이라는 것을 미리 인정해야할 것입니다.

두 번째의 오해는 어떤 고난 속에서도 하나님 앞에서 믿음을 지키며 그분께 순종해야 한다는 측면이 무시된 채 그저 정신과적 처방과 심리학적인 방편으로 얻어지는 만족감만을 쫓아 다니는 부류의 부부가 되어서는 안 된다는 것입니다.

물론 이제 처음 크리스천이 된 부부라면 누구나가 그리스도 안에서는 무한한 은총과 기쁨의 삶이 지속된다고 하는 믿음을 가지고 살아갑니다.

하지만 우리가 분명히 알아야하는 사실은 그리스도인에게 약속된 기쁨과 평안은 세상의 그것과는 다른 종류의 것이라고 하는 사실입니다. 그것은 고난까지고 기쁨으로 승화시키는 차원이라고 하는 사실입니다.

말씀에서 벗어나서 누리게 되는 행복과 자유라면 그것은 그리스도인의 진정한 자유와 행복이라 할 수 없습니다.

나의 인간적인 행복과 만족이 말씀과 순종을 앞설 수 없다고 하는 부분입니다. 성경을 떠나서 인간의 필요를 채우기 위한 인본주의 심리학자들의 말만 귀 기울인다면 그는 머지않아 교회에서는 보이지 않게 될 것입니다.

부부간 연합과 신뢰의 문제는 결국 그 기본이 하나님과 이루는 삼각관계 속에서 견고해 지는 것을 보게 됩니다. **내가 나의 남편을 신뢰하는 것은 남편의 인격을 믿는 것도 있지만 그 보다는 그가 하나님을 경외하는 것을 내가 알기 때문입니다.** 내가 나의 아내를 믿는 것 또한 아내의 사람됨을 믿는 것도 있지만 그 뿌리에는 **내가 믿는 하나님을 아내도 같이 바라보고 믿고 섬기고 있기 때문입니다.** 이와 같이 하나님과의 트라이앵글 구조에서 결속된 부부간의 신뢰가 아니라면 그것은 다 임시처방에 불과한 해결이라는 것입니다.

세 번째의 문제도 바로 여기에 있습니다. 사람을 만족시키고 사람의 필요를 채우는 것이 가장 중요하다는 것이고 이 문제를 해결하기위해 성경이 필요하다는 논리입니다.

인간중심적인 사고에서는 심리학과 상담학의 위로를 통해 서로를 만족시켜주고 서로의 필요를 채워주는 것이 하나님 말씀순종을 통해 우리가 얻게 되는 부분보다 훨씬 더 그럴듯한 것으로 이해된다고 할 수 있습니다.

우리의 관심이 오직 어떻게 하면 나의 필요한 것을 모두 얻으며 만족한 삶을 살 수 있을까에 있다면 하나님의 관심은 어떻게 하면 저들을 말씀순종하면서 살게 할까에 있다고 할 수 있습니다.

마지막 네 번째의 문제 또한 이와 같은 맥락이라 할 수 있습니다. 우리가 하나님의 말씀인 성경말씀을 우리의 삶에 있어서 최종적인 권위로 삼고 있지 않다는 데에 있습니다. 그래서 부부간의 문제가 발생할 때에 부부컨설팅을 전문적으로 운영하는 클리닉에서만이 문제의 해결이 있을 거라 생각하는 경우입니다.

우리의 눈은 근시안이어서 하나님께서 우리를 위해 만들어 놓으신 커다란 계획과 섭리를 다 볼 수 없습니다. 우리를 향하신 하나님의 계획과 섭리라고 하는 '커다란 틀'을 보려하지 않고 그저 여기저기서 '단편적인 위안'만을 얻으려는 것입니다.

하나님은 우리부부의 조성자이시기 때문에 우리부부를 가장 잘 아실뿐만 아니라 우리를 위한 구체적이고 세심한 계획이 있음으로 우리의 필요를 가장 효과적으로 채워주실 분이라는 것을 잊어서는 안 될 것입니다.

2. 연합의 요소

결혼에 대한 하나님의 계획을 이해하기 위해서는 남편에게 또는 아내에게 서로 채워주고 채움을 받아야하는 인격적인 부분들이 있다는 것을 인정하는 선에서 출발해야 한다는 것입니다.

여기서 말하는 인격은 하나님과 같이 느끼고 생각하는 영혼으로서의 인격을 의미입니다. 성경에서 영혼이라고 말할 때 그것은 한 인격으로서의 인간의 가장 깊은 본질적인 부분을 가리키는 것입니다.

이것은 신체적인 부분들의 채움만큼이나 중요한 것입니다. 신체가 자라남에 있어서 그때그때 필요한 영양소들이 채워지지 않는다면 성장장애를 일으키듯이 우리의 인격도 필요한 요소들을 채움 받지 못하면 인격적 불구가 되는 것과도 같습니다.

이 부분에 있어서는 인간적인 접근이 필요합니다. 배우자로 하여금 채움 받고자 하는 갈망은 무시하고 그대로 버려둔 채 오직 주님만 의지하면 된다고 말할 수 없습니다. **하나님이 채우셔야 할 부분이 있고 사람이 채워야 할 부분이 있기 때문입니다.**

많은 성도에게 있어서 필요한 것은 영적인 성숙입니다. 영적인 성숙은 많은 부분 내가 해야 할 부분과 하나님이 하시는 부분을 잘 구별함으로 이루게 됩니다.

믿음이 있다고 하는 것은 내가 해야 할 부분을 무시한 채 하나님께만 전적으로 의탁하는 것을 말하는 것은 아닙니다. 가끔 보면 모든 것을 하나님께만 맡긴다고 하면서 배우자와의 관계개선을 위해서 본인은 별다른 노력을 기울이지 않는 경우가 있기 때문입니다.

부부가 서로 상대를 향해서 마음을 열고 하나님을 향해서도 그리할 때 그 누구도 들어올 수 없는 부부사이를 하나님은 들어오신다는 것입니다.

우리의 기도를 들으시는 하나님의 구체적인 간섭과 개입이 항상 부부간에 있다는 것을 오늘 이후로 항상 기억해야 할 것입니다.

3. 인격적인 필요

1) 아내의 필요 : 보호와 평안

누군가가 진정으로 날 돌봐주고 있다고 느낄 때 또는 나 자신이 누군가를 향한 깊은 보호본능을 느낄 때 우리 안에서는 무엇인가 신비로운 감정이 꿈틀거리기 시작합니다. 사랑의 기본적인 감정은 보호받고 지켜주려 하는 마음에서 이루어지게 됩니다. 그리고 이와 같은 '보호'와 '지킴' 그 가운데에서 우리는 온전한 평안을 경험하게 됩니다. 이러한 사랑과 평안은 조건적이거나 작위적인 것이 아닙니다.

자신이 사랑을 얻고자 노력하지 않아도 무조건적이고 완전하게 사랑받고 있다는 잠재의식 속에서 이루어진다고 하겠습니다. 수고와 노력으로도 얻을 수 없기에 결코 잃을 수 도 없는 그와 같은 사랑으로 채움 받고 있다는 확신에서 나오는 평안을 말합니다.

마치 어머니의 젖무덤 속에서 느끼는 아이의 고요함과 안정감을 의미한다고 할 것입니다. **부부간에 있어서 주로 아내들이 이와 같은 '보호'와 '평안'을 채움 받고자 한다고 할 수 있습니다.**

2) 남편의 필요 : 의미와 가치

다음으로는 남편에게 있어서 중요한 부분의 채움이라할 수 있는 의미와 가치의 문제입니다. 하찮은 일을 할 때 우리는 금방 지루함을 느끼게 됩니다. 그러나 우리는 중대한 일을 하거나 큰일을 앞두고 결정을 내리기위해서 심사숙고할 때 우리는 존재 가장 깊숙한 곳에서 우리는 우리가 하는 일 속에서 의미를 느끼기를 원하는 존재들입니다.

비록 골머리를 썩이는 일이라고 할지라도 의미가 있기를 바라는 것입니다. **이와 같은 '의미'와 '가치'에 중요성에 관해서는 부부간에 있어서 주로 남편의 필요라고 해야 할 것입니다.**

4. 반응들

1) 인격적인 필요자체를 무시하는 경우

인격적인 필요가 있다는 부분을 처음부터 무시해버리는 경우입니다. 이때는 마치 우리가 신체적인 필요가 채워지지 않음으로 질병에 걸리는 것과 마찬가지로 인격적인 질병에 노출되게 됩니다.

증상으로는 소외감, 무기력함, 절망감, 대인기피, 의기소침 등을 들 수 있습니다. 또한 그 고통을 잊기 위해 각종 중독증상에 탐닉하게 됩니다. 우리는 영적이면서 동시에 인격적인 지음을 받았기에 인격적인 필요를 무시해서는 결코 안 될 것입니다.

2) 세상의 것을 통해 인격적 필요를 채우는 경우

지금에 세상은 하나님과의 아무런 관계가 없어도 인격적인 필요를 채움 받을 수 있다고 하는 거짓사탄의 음성을 쫓고 있습니다.

나에게는 하나님이 없어도 부족한 것이 없으며 세상에서 난 것으로 얼마든지 나의 인격적인 필요와 만족을 채움 받을 수 있다고 하는 말이 그것입니다. 즉 돈과 외모와 재능을 겸비한 성취감으로 인격적인 필요를 채움 받고자 하는 부분입니다.

혹 성취감의 상실이 찾아온다 싶으면 사람들은 더 많은 일과 여행과 레저, 문화 활동, 취미생활 등으로 그것을 덮어버리려고 한다는 것입니다. 그리스도인 부부들조차도 안락한 생활과 흥밋거리가 많은 세상의 생활 속에 파묻혀 인격의 가장 깊은 차원에서 하나님과 교감을 이루지 못한 채로 허망한 시간을 보내는 경우가 있습니다.

당장은 세련 되 보일는지 몰라도 우리의 부부관계가 결코 깊은 차원의 연합에 도달할 수없는 얄팍한 관계로만 남아있을 수 있다는 것입니다.

3) 주님께서 채우시는 인격적 필요를 체험함

우리가 느끼는 진정한 의미의 평안과 인생에서 참다운 가치를 발견하는 우리의 인격적 필요들은 주님과의 관계를 통해서 채움 받아야 합니다. 그분은 우리의 더럽고 흉한 것을 보시고도 우리를 하나님께로 나아가게하기 위해서 십자가의 치욕을 참으시고 우리를 깨끗케 하셨고 영원히 확증된 사랑으로 우리를 사랑하셨습니다. 바로 그와 같은 그리스도의 사랑 안에서 나의 마음은 평안하고 나의 삶은 가치 있다는 확신을 가지게 되는 것을 말합니다. "우리가 아직 죄인 되었을 때에 그리스도께서 우리를 위하여 죽으심으로 하나님께서 우리에 대한 자기의 사랑을 확증하셨느니라"(롬5:8)

또한 우리는 주님이 주신 은사대로 다른 사람을 섬기고 배우자를 사랑하고 순종하며 사는 것이 하나님의 영원한 계획의 중요한 부분이라는 것을 깨달아야합니다.

그래서 부부는 한 몸 이면서도 또한 가장 가까운 이웃이라는 사실입니다. 네 이웃을 네 몸처럼 사랑하라할 때 가장 첫 번째 대상자는 바로 나의 배우자가 되는 것입니다. 서로가 하나님의 형상을 입은 사람이자 하나님이 짝 지워주신 배우자라고 할 때 그 안에서 하나님이 주시는 위로와 소망이 가득하게 될 것입니다.

5. 연합의 핵심

부부연합의 최종목표이자 핵심은 '섬김'입니다.

우리는 부부가 이루어야 할 최종 목표인 '섬김'을 이루었을 때 그 안에서 참다운 행복과 만족을 경험 할 것입니다. 그런데 우리의 잘못된 생각은 우리가 바라는 바 '희망사항'이 채워졌을 때 행복하고 만족 할 것이라는 착각을 하는 것입니다.

가만히 생각해보면 '섬김'은 내 힘으로 이룰 수 있는 것입니다. 그러나 '희망사항'은 내 힘으로 이룰 수 없는 말 그대로 희망사항이라고 말할 수 있겠습니다. 예를 들면 내일 날씨가 맑기를 바라는 일은 나의 능력 밖의 일임으로 희망사항이라 하겠습니다. 그러나 날씨가 맑은 날 빨래를 해서 너는 일은 내가 할 수 있는 일 즉 목표인 것이라고 하겠습니다.

빨래를 하려면 날씨가 맑기를 위해서 기도해야 합니다. 마찬가지로 우리는 요구사항이나 희망사항에 대한 우리의 최선의 방책은 기도하는 것입니다. 그러나 우리가 할 수 있는 목표에 관한한 최선의 방책은 책임감 있는 행동인 것입니다.
너무도 많은 사람들이 자기가 할 수 있고 해야 하며 책임져야 하는 일에 대해서는 기도하고 또한 자기가 감당할 수없는 일은 자기 힘으로 이루려고 하는지 모릅니다.

결혼의 성경적인 목표는 서로가 섬기는 것입니다. 따라서 배우자가 나를 만족시켜 주었으면 하는 희망사항을 가지고 그것을 나의 힘으로 도달해야 하는 목표로 삼아서는 안 될 것입니다. 우리는 그것을 위해 기도할 수 있을 뿐입니다.
우리는 흔히 부부 사이에 대화가 안 된다고 할 때가 있는데 그 대부분의 문제는 '목표'와 '희망사항'사이의 혼돈과 깊은 관계가 있음 알 수 있습니다. 이 목표와 갈망의 문제는 가정사역자 '로렌스 크랩'의 〈결혼건축가〉에서 잘 설명해 주고 있습니다.

 우리는 배우자에게 바라는 '희망사항'을 '목표'로 삼고 살아갑니다. 우리는 상대가 나를 어떠어떠한 식으로 대해야 한다고 주장하며 만일 상대가 그렇게 대해주지 않으면 나도 복수를 하거나 몽니를 부리거나 아니면 상대를 변화시키려고 갖은 노력을 다 할 것입니다.
 그러나 기억해야 할 것은 그것은 희망사항 즉 내가 할 수 없는 부분이라는 것입니다. 영적인 연합을 이루기 위한 부부 간의 대화의 기술을 익힐 때에 염두해 두어야 할 가장 중요한 사실은 우리의 목표는 상대를 섬기라는 것(목표)을 계속해서 묵상하고 훈련하는 것입니다. 모든 부분에서 상대를 나에게 맞게끔 바꾸어 좋겠다든지 날 만족시킬만한 배우자로 만들어 놓겠다는 불가능에 도전해서는 안 될 것입니다.

 하나님께서 부부에게 주시고자 하시는 영적인 연합은 결코 사람의 인간적인 노력이나 방법으로 이루어지지 않고 <u>섬김의 원리를 터득한 이에게 주어지는 하나님의 선물이라는 것입니다.</u> 이와 같은 연합은 상대의 필요에 대하여 내가 끊임없이 섬기겠다고 하는 헌신과 그것을 위해 하나님께서 나의 배우자를 만나게 하셨다는 확신과 믿음 안에서 이루어질 수 있습니다.

이제 더 이상 자기중심적으로 배우자를 다루려하는 힘든 소모전에서 벗어나서 말씀으로 돌아가 하나님의 뜻을 구하는 삶을 살아야 그 안에 해결책이 있음을 깨닫게 되는 것입니다.

그것을 깨닫게 되었을 때에 우리는 하나님께서 왜 아담에게 바라는 배필(갈망)이 아니라 돕는 배필(목표)을 주셨는지에 대한 이해도 분명해 진다고하겠습니다.

> "여호와 하나님이 이르시되 사람이 혼자 사는 것이 좋지 아니하니 내가 그를 위하여 돕는(섬기는) 배필을 지으리라 하시니라"
>
> (창세기 2:18)

그러므로 사람이 부모를 떠나
그의 아내와 합하여
그 둘이 한 육체가 될지니

에베소서3:21

제3강

성(聖)스러운 성(性)
육적연합

들어가기

크게 놀랄 크리스찬이 있을 수 있겠지만 섹스는 하나님의 아이디어였습니다. 성경에서 남편과 아내가 한 몸을 이룬다는 말의 근본적 의미는 성적인 결합을 나타냅니다. "창녀와 합하는 자는 그와 한 몸인 줄을 알지 못하느냐 일렀으되 둘이 한 육체가 된다 하셨나니.."(고전 6:16)

그런데 성경에서 말씀하고 있는 부부간의 성문제가 얼마나 중요한 문제인지 실지로 많은 크리스찬 부부들은 실감하지 못하고 있습니다. 부부간 문제의 가장 큰 요인이 대화의 단절에 있다면 그 다음으로 많은 비중을 차지하고 있는 문제는 단연 성에 관한 문제일 것입니다. 부부간의 모습을 가장 적나라하게 반영하는 곳은 침실입니다.

가정사역자 찰스 셀은 문제가 있는 부부의 90%이상이 사실은 성문제 때문에 어려움을 겪는다고 하였습니다. 성 생활에 아무 문제가 없는 가정이라면 부부간의 성은 일상의 한 부분에 불과하지만 성에 문제가 있는 부부라면 이것은 부부간의 뿌리를 흔들어 놓는 아주 커다란 문제가 된다는 것입니다.

최근 가정법원이 발표한 자료에 의하면 커다란 이혼사유 2가지 중 '그 밖의 사유'가 '성격차이'를 앞서는 추세에 있다고 하였습니다. 여기서 '그 밖의 사유'란 모두 성적 불만을 나타낸다고 법원관계자는 말하고 있다는 것입니다. 그리고 그러한 성적인 불만이 도화선이 되어서 고부간의 갈등으로 이어지게 되며 나아가 가정파탄으로 이어지는 경우가 많다는 것입니다.

결국 부부간의 문제는 성격문제를 제외하면 모두가 성 문제인 것을 알 수 있고 성격문제 또한 성문제를 제외하고는 말할 수 없는 것이 현실이 되었습니다. 그래서 '성격~차'는 곧 '성~격차'라는 말이 생기게 되었습니다.

남자의 성은 충동적이고 본능적인데 반하여 여자의 성은 관계적이고 정서적 부분을 차지하고 있다고 볼 수 있습니다. 일반적인 경우라면 남자는 몸이 열리면서 아내를 향한 마음도 열리게 된다면 여자는 마음이 열려야 비로소 몸이 열린다고 보아야 할 것입니다. 여자도 마찬가지지만 특별히 남자는 성생활에 만족하지 못하면 일상생활에 미치는 영향이 매우 크다고 할 수 있습니다. 매사가 짜증과 분노로 표출되는 대도 불구하고 아내는 왜 남편이 화를 내는지를 모르는 것 입니다.

1. 성(性) 창조의 목적

아직도 세상의 많은 사람들에게 있어서 성교는 단지 아이를 출산 할 때만 즐길 수 있도록 하나님이 주신 선물이라고 믿고 있습니다. 이러한 생각은 우리나라도 예외는 아니어서 보수적인 문화권에서 성 이야기를 꺼내는 것은 경시되거나 금기이며 다룬다고 하더라도 단순히 생물학적인 차원에서만 접근하려 한다는 것입니다. 요즘같이 개방적인 분위기 속에서도 부부간의 성문제는 부부끼리 알아서 해결해야 할 일로 치부하는 것이 현실이라고 할 것입니다.

성에 관하여 눈앞에 보이는 것들은 대부분 부정적인 이미지의 성폭력문화와 사회문제인 음지에서 넘쳐나는 섹스산업에 관한 것으로만 가득 차 있지 건전한 부부의 성문제를 다루는 부분은 쉽게 찾을 수 없다고 보아야할 것입니다.

하지만 성의 절정이라고 할 수 있는 오르가즘이 무엇인지를 아는 사람은 그것이 결코 자연적으로 우연히 발생한 것일 수 없으며 이토록 절묘한 현상은 하나님께서 친히 고안하신 것임을 확신하게 됩니다. 이것을 받아서 누리게 될 사람들을 지극히 사랑하는 마음으로, 지혜로운 마음으로, 창의력 있게 설계하셨다는 것입니다.

어떤 가정사역자는 무신론자에게 하나님이 존재한다는 사실을 입증할 때에 당신의 성이 그것을 증명한다고까지 하였습니다. 성경은 성에 대하여 침묵하고 있지 않습니다. 인간이 침묵하고 있을 뿐입니다.

더 이상 사탄이 왜곡시킨 부정적인 의미의 성만을 바라보며 한탄하고 있을 수는 없습니다. 하나님께서 인간에게 성을 주신 근본적인 목적4가지를 성경을 통해 살펴보도록 하겠습니다.

1) 하나님께서는 부부가 '생명을 창조'하도록 성을 선물로
  주셨다.

창세기1:28에서 우리는 생육하고 번성하라는 하나님의 명령을 받았습니다. 후대를 이어가는 유일한 방법으로서 성관계는 사람들이 느끼는 성에 대한 혐오감 이전에 매우 신성하고 아름다운 행위라는 것입니다.

눈에 보이는 것이 그저 타락한 성문화이기에 성하면 더럽

고, 추잡하고, 부정한 이미지의 선입견을 가지고 있는 것이 우리시대의 모습입니다.

그러나 하나님께서는 결코 추잡함 속에서 자녀를 출생시키고자 하는 분이 아니라 부부라고 하는 테두리 안에서 이루어지는 성관계를 통하여 그리고 아름답고 신비하고 오묘한 일치를 통해 그 사랑의 결실로서 자녀의 축복을 허락하시는 것입니다.

아무리 성을 도외시하고 천시하는 사람이라고 할지라도 예쁜 아기에 대한 소망은 가지고 있습니다. 하나님께서는 예쁜 아기를 주실 때에 사랑스러운 행위를 통하여 주시는 것입니다. 즉 아기가 예쁜 만큼 그 아기를 갖게 한 행위가 아름답다는 것입니다.

그러나 요즈음 왜곡된 성의식과 잘못된 가정관으로 인하여서 부부관계가 아닌 관계에서 이루어지는 성행위를 정당화함으로 인하여서 그로인한 미혼모와 사회문제가 늘어가고 있는 것이 사실입니다. 사탄이 뒤틀어놓은 왜곡된 성의 모습이라고 보겠습니다.

또한 정상적인 부부간의 성관계가 아닌 정자은행을 통한 인공수정이나 체세포 복제로 인하여 자녀를 갖겠다고 희망하는 사람들도 있지만 이와 같은 행위는 신성한 창조행위를 인간의 손으로 돌리려하는 교만에서 비롯된 것이라고 할 수 할 것입니다. 정상적인 사람의 이 같은 행위는 명백히 성경에 배치되는 것이라고 볼 수 있습니다.

2) 하나님께서는 '부부의 친밀한 하나 됨'을 위하여서 성을 선물로 주셨다.

에베소서5:31~32에서 사도바울은 "사람이 부모를 떠나 그 아내와 합하여 그 두 육체가 한육체가 될지니 이 비밀이 크도다. 내가 그리스도와 교회에 대하여 말하노라"에서 가장 경건하고 거룩해야할 그리스도와 교회의 관계를 언급함에 있어서 왜 하필이면 남편과 아내의 부부관계를 빗대어서 말씀하고 있는지에 대해 의아해 여기는 성도가 있을 수 있습니다.

성경에서는 부부간의 동침을 말 할 때에 히브리어인 'ידע'(야다)라는 말을 사용하고 있습니다. 이 말의 원래의 뜻은 '알다'라는 말입니다. 이 말이 명사형이 되면 '지식'이 됩니다.

즉 이 말은 성경에서 부부관계를 말할 때 쓰였고 동시에 하나님이 우리를 안다고 할 때에도 쓰인 단어라는 사실입니다. 이를테면 창세기 4:1에서 '아담이 하와와 동침하매 가인을 낳았다!"고 할 때 동침이 바로 'ידע'(야다)입니다. 그리고 호세아서6:3에서 "우리가 힘써 여호와를 알자'!"했을 때도 똑같은 단어 'ידע'(야다)입니다. 이 말은 성경이 부부관계인 '성교'를 지식을 얻는다는 '알다'는 말과 함께 병행하여 사용하고 있다는 것입니다.

신약으로 가면 하나님이 우리의 머리카락까지 세어 아신다고 할 때의 의미와도 같다고 할 것입니다. 우리도 알지 못하는 우리의 깊은 부분을 하나님은 다 알고 계신다고 하는 의미에서의 '앎(야다)'을 의미합니다.

그래서 이 'ידע'(야다)라고 하는 구약의 히브리어 단어는 매우 중요한 신학적인 전문용어(technical term)가 되기도 합니다.

즉 다시 말씀드리면 'ידע'(야다)라는 단어는 **단순한 지식이라는 의미가 아니라 서로가 깊게 체험하고 친밀한 사랑의 교제로 들어가면서 비로소 완전한 지식을 얻게 되는 것을 의미하는 말입니다. 계속해서 깊게 더 깊게 알아가는 것으로 진정한 하나가 됨을 의미하는 말로 쓰인 용어라는 것입니다.**

우리는 단순한 인식론적인 앎과 독특한 의미의 존재론적인 앎의 의미를 혼합하여 사용하고 있지만 이 둘은 분명히 구별되어져야합니다. 내가 그 사람의 얼굴을 한번보고 이름을 단지 알고 있는 것과 그 사람의 살아온 과정과 마음을 알고 있는 것이 똑같이 그 사람을 아는 것일 수 없기 때문입니다.

상대의 작은 것에서부터 시작해서 점차적으로 모든 것을 알아가며 비로소 하나로 합쳐질 때 그때 성경은 'ידע'(야다)라는 단어를 사용하고 있다는 것입니다.

부부간의 성이 바로 이와 같은 의미에서의 서로간의 일치를 말하는 것입니다. 바로 이와 같은 의미에서 하나님은 그리스도와 교회의 관계를 또한 이해하게하셨습니다. 천상의 신비를 지상의 형상으로 보여주신 것이 바로 '부부의 성'이라고 하는 사실입니다.

교회의 성도인 우리가 신랑 되신 그리스도께로 올바로 나아가서 참으로 둘만의 친밀하고 독특한 경험을 하고 있다는 것을 이해하였다면 그 예표로 하나님이 보이신 부부의 성 또한 아름답고 거룩한 것으로 받아야한다는 것입니다.

3) 하나님께서는 '부부의 즐거움'을 위해성을 선물로 주셨다.

잠언(5:15, 18~19)을 보면 솔로몬은 말하기를 "너는 네 우물의 물을 마시고 .. 젊어서 맞은 아내와 더불어 즐거워하여라!"라는 구절이 있습니다. 좀 진한 부분으로 가자면 창세기(26:8)에는 "이삭이 그 아내 리브가를 껴안은(애무하는)것을.." 이라는 부분도 성경은 가리우지 않고 있습니다. 더 나아가서 아예 '아가서'라는 책 한권은 솔로몬과 술람미 여인의 에로스적인 사랑의 행위를 통해 그리스도와 교회의 관계를 말씀하고 있습니다.

이와 같은 구절들은 부부관계가 가지는 '생육함'이나 '하나 됨'의 의미하고는 전혀 관계없고 육체적인 사랑의 즐거운 행위만을 강조하고 있다는 점입니다. 하나님께서는 부부간의 즐거움을 위해서 오르가즘을 주셨다는 것을 인정해야합니다. 그리고 그에 따르는 결실로 자녀를 주셨다는 것을 이해해야합니다.

아직도 부부는 유별하다는 유교적 관습이 우리가운데 많은 부분에 자리하고 있음으로 부부간의 성 강의를 듣는 가운데도 거북함이 일어나는 것이 사실입니다. 말하는 사람도 민망한 것은 마찬가지입니다. 그러나 우리는 공자의 제자가 아니라 예수의 제자인고로 성경이 말씀하고 있는 부부간의 성을 분명히 보고 이해해야 한다는 것입니다.

헬라 사상인 영육 이원론에 영향을 받은 천주교를 보면 육신적 욕구를 무조건 죄악시하는 금욕주의를 취하는 것으로 지금도 부부관계는 오직 생명창조로서의 부부관계만을 인정하고 있습니다. 오직 자녀를 낳기 위한 목적으로만 부부관계를 허락하는 것입니다. 그러므로 부부간의 피임은 곧 죄라는 말도 안 되는 등식을 만들어내게 된 것입니다.

하나님은 부부의 성을 단지 출산만을 위한 것으로 결코 평가 절하시키지 않으셨다는 것입니다. 오히려 성경은 부부가 서로의 성적인 의무를 다할 것을 독려하고 있습니다. 구약성경을 보면 신명기24:5에서 구약의 전쟁법규에 관하여 말씀하고 있으면서 이렇게 말씀하고 있습니다.

"사람이 새로이 아내를 맞이하였으면 그를 군대로 내보내지 말 것이요 아무 직무도 그에게 맡기지 말 것이며 **그는 일 년 동안 한가하게 집에 있으면서 그가 맞이한 아내를 즐겁게 할 지니라!**"

여기에서 보면 결혼한 남자는 전쟁이 나도 군대를 보내지 않고 아예 아무것도 하지 말고 오직 자신의 아내만을 위해서 일 년을 살 것을 말씀하고 있습니다. 일 년간의 신혼기간 동안은 아내를 아는 지식을 쌓으며, 아내를 어떻게 하면 즐겁고 행복하게 해 줄 것인가에 집중하며, 또한 성적인 의무를 다 하라!는 의미의 말씀인 것입니다. 이와 같은 시간적 배려를 신혼가정에 허락하신 것은 그 만큼 신혼가정을 향하신 특별한 사랑과 돌보심이 그 안에 있다고 해야 할 것입니다.

4) 하나님께서는 "음행을 피하도록" 성을 선물로 주셨다!

신약성경 고린도전서 7:2~5을 보면 또한 이렇게 말씀하고 있습니다.

"음행을 피하기 위하여 남자마다 자기 아내를 두고 여자마다 자기 남편을 두라 남편은 그 아내에 대한 의무를 다하고 아내도 그 남편에게 그렇게 할지라 아내는 자기 몸을 주장하지 못하고 오직 그 남편이 하며 남편도 그와 같이 자기 몸을 주장하지 못하고 오직 그 아내가 하나니 서로 분방하지 말라 다만 기도할 틈을 얻기 위하여 합의상 얼마 동안은 하되 다시 합하라 이는 너희가 절제 못함으로 말미암아 사탄이 너희를 시험하지 못하게 하려 함이라!"

흔히 아내들이 남편을 향하여 불만을 갖게 되었을 때에 잘 하는 말 중에 "이러이러한(조건을 내어걸며) 경우라면 내 옆에 올 생각도 하지 마!"라는 말을 남편에게 많이 하는 것으로 알고 있습니다. 그러나 이와 같은 말은 성경적이지 못 합니다. 아내의 몸은 남편이 주장해야하기 때문입니다.

남편 또한 아내를 다루는 기술이 필요합니다. 잘못하면 부부의 침실이 합법적인 성폭행의 현장이 될 수 있기 때문입니다. 남편은 자신의 아내를 다루는 기술이 필요하고 마찬가지로 아내는 자신의 몸을 무기로 삼아서 남편을 멀리해서도 안 될 것이라는 말씀입니다.

우리의 몸은 그 자체로 목적인 것이지 그것이 수단이 된다면 그것이 곧 타락하는 것입니다. 사창가에 여인들이 자신의 몸을 수단으로 돈을 벌듯이 아내들이 자신의 몸을 수단으로 해서 남편을 길들이려 한다면 이것은 성을 지으신 목적을 심각하게 왜곡하는 일이 됩니다.

그렇다면 이제 반대로 남편의 몸도 아내가 주장해야합니다. 몸의 결정권이 자기에게 있지 않고 배우자에게 있기 때문입니다. 그래서 성경은 이 부분을 의무로 규정하는 것입니다. 의무는 내 의지와는 상관없이 반드시 해야 하는 것이기 때문입니다.

지금 남편을 원하고 있는 아내를 바라 볼 때 색을 밝히는 정부 바라보듯이 한다거나 "어디 여자가 먼저!" 이러고 있으면 이것 역시 뒤틀려진 성이 될 것입니다.

자기 몸을 수단화 하거나 자기가 주장하게 되는 것으로 배우자가 음행에 빠졌다면 또한 그것으로 인해 가정이 깨지고 자녀들이 불행의 구렁텅이로 떨어지게 되었다면 하나님은 그 음행의 원인제공자로 그 죄 값을 내게 물어 오실 수 있다는 것입니다.

그럼으로 성경은 기도하기위해 분방하는 일을 제외하고는 부부가 각 방을 쓰지 말 것을 성경은 밝히고 있습니다. 부부가 조금 다툰 일로 해서 각 방을 쓰게 되면 결국 마음도 멀어지고 서로 자존심만 앞세우다가 파국으로 치닫는 경우가 있다는 것을 하나님이 아시기 때문입니다.

그러나 합방하는 중에는 부부간에 좀 심각한 일이 일어났다고 해도 그것이 아무것도 아닌 일로 무마되는 것입니다. 부부싸움이 칼로 물 베기가 될 수 있는 것은 바로 부부간의 성이 있기 때문이라고 할 수 있습니다.

5) 하나님께서는 '부부의 위로'를 위해 성을 선물로 주셨다.

사무엘하12:24에서 "그 뒤에 다윗이 자기의 아내 밧세바를 위로하고 동침하니 .."는 밧세바의 아들이 죽자 이에 대한 다윗의 반응을 기록한 구절이 됩니다. 그들은 슬프고 괴로운 현실을 앞에 두고 부부관계를 통해 위로 받으려고 했던 것입니다.

어떤 부인이 상담가에게 말한 예화가 있습니다. 그녀의 남편이 직장을 잃고 절망하고 있을 때에 그를 육체적으로 사랑한 것이 그에게 위로와 격려가 될 줄은 자신도 몰랐다고 하는 고백입니다. 고된 업무를 하는 남편과 결혼한 또 다른 여인은 말하기를 자기 남편이 온 종일 힘들게 일하고 별 성과를 거두지 못했을 때 육체적으로 사랑함으로써 그를 위로하고 그가 긴장을 풀도록 도와줄 수 있다는 사실을 알게 되었다는 고백하는 부인도 있었습니다. 하나님께서 주신 위로의 한 부분은 바로 부부간의 사랑을 나눔으로서 긴장을 풀게 하시고 새로운 삶의 활력을 갖게 하시고자 하셨던 것입니다.

 이와 같은 위로와 치유는 아내들에게도 마찬가지입니다. 아내들의 상담사례에 의하면 남편과의 성적인 만족을 충분히 이루고 살아가는 아내들은 그렇지 못한 아내들보나 경제적 어려움이나 시댁과의 갈등 그리고 살림살이의 스트레스와 아이들로 인한 속 썩음.. 등등 모든 부분에서 훨씬 더 넓은 마음을 가지고 잘 극복하고 이겨내더라는 것이었습니다.
 이와 같은 사례를 통해서 부부간의 성을 주신 하나님의 목적은 위로와 치유와 충전으로서 주신 것임을 금방알 수 있게 됩니다.
 그렇지만 많은 경우의 부부들은 부부관계는 즐거울 때 그리고 모든 것이 완벽한 환경이 되었을 때만 갖는 것으로 오해하고 있는 것이 사실입니다. 부부관계는 즐거울 때만이 아니라 위로가 필요하고 격려가 필요할 때에도 특효약으로 하나님이 부부간에 주신 것이라는 사실을 기억해야 할 것입니다.
 최근 일간지 건강 란에 보니까 부부간의 성관계는 각종 질병을 없애는 데에도 특효가 있다고 합니다. 한 번의 오르가즘은 만성요통, 관절염, 목통증, 등을 6시간동안 없앨 수 있는 천연의 진통제라고 전하고 있습니다. 일주일의 1~2회의 정기적인 부부관계는 신체의 면역력을 증가시켜 감기, 독감 등 호

흡기 질환에 대한 저항력을 강화해준다고도 하였습니다.

더 나아가서 오르가즘 시에 백혈구 속에서 암세포를 죽이는 T임파구가 순식간에 증가하면서 암세포까지 파괴시켰다고 합니다. 그러나 불륜으로 인한 성관계는 과도하게 흥분하기 쉬워 도리어 심장쇼크나 혈관에 해롭다고 했습니다.

2. 순간적 쾌락이냐? 영원한 가치냐?

1) 흥미를 쫓는 섹스

사탄은 인간의 성욕을 이용하여 지극히 감각적인 말초동물로 타락시키는 데에 갖은 전략을 사용하여 왔습니다. 성은 그리스도 안에서 부부에게 주신 영원한 가치임에도 불구하고 사탄은 유사한 모조품을 만들어서 순간적이고 격렬한 육체적 쾌락만을 탐닉하게 하였습니다. 사탄은 우리가 성적인 흥분에 취해있는 동안 그것이 우리가 얻을 수 있는 최상의 만족이며 그 보다 더 깊은 즐거움은 없다고 설득했습니다.

육체의 쾌락으로만 발전한 성은 더욱 자극적인 쾌락을 요구하게 됩니다. 여기에 인격적인 관계는 전혀 성립되지 않습니다. 심지어는 크리스찬 부부들에게 있어서도 성적인 문제해결은 남자들인 경우라면 어떻게 사정을 조절할 수 있을까에만 그리고 여자들은 오르가즘을 느끼는 횟수에만 관심이 있습니다. 하나님은 우리에게 단순한 흥미를 쫓는 섹스 이상의 것을 주셨습니다. 그분이 마련해두신 육체적인 결합에는 육체적인 즐거움은 물론 인격적인 의미까지 포함되어있습니다.

2) 인격적인 관계표현

부부관계는 먼저 부부가 서로 인격적 관계임을 드러내는 관계표현입니다. 그 연장으로서 육체적 즐거움이 의미를 지니는 것입니다. 하지만 작금의 넘쳐나는 섹스산업은 인격적인 관계를 멀리한 채 육체의 쾌락놀음으로만 몰아가고 있다는 것이 안타까운 일이라고 하겠습니다.

참으로 많은 남편들이 아내를 만족시켜주는 곳이 '성기'가 아니라 먼저는 '교감'인 것을 알지 못합니다. 아내의 마음을 사려하는 일은 없이 직접적인 관계에만 관심을 갖는다는 것입니다. 그러므로 남편들은 아내의 성감대가 '청각'이라는 사실을 먼저 주지하고서 아내에게 다가가야 합니다.

많은 아내들 또한 시각적인 자극이 남편에게 얼마나 큰 영향을 주는지 알지 못합니다. 그리고 "주책 떨지 말라!"는 말

한마디가 얼마나 남편에게 큰 상처를 주는지도 알지 못합니다.

문제는 성관계 이전에 인격적인 관계가 있다는 것입니다. 부드러운 애무나 낭만적인 전희로 들어가기에 앞서서 부부는 이미 인격적인 대화를 통해 교감을 나누고 있는 것입니다.

그러므로 육적 연합은 반드시 정신적인 연합과 더불어서 영적연합을 기초로 하고 있습니다. 이 연합이 전제되어 있을 때에 육적 연합을 통해 인격의 가장 깊은 곳으로 들어갈 수 있게 된다고 할 수 있습니다. 그곳에서 일체감을 경험하며 부부가 서로의 모든 것을 공감하며 나눌 수 있게 되는 것입니다.

3. 성적 권태

이런 질문이 있을 수 있습니다. 하나님께서 부부간의 섹스를 즐기게 하셨다면 왜 많은 부부간의 성이 조화와 만족보다는 다툼과 실망의 원인이 되느냐는 것입니다. 한 남편이 전문 상담가에게 이러한 고백을 했다고 합니다. 자신은 그리스도인의 부인 앞에서는 발기불능인데 불신자인 정부 앞에서는 정력적인 모습으로 변한다는 것입니다. 말할 것도 없이 혼외정사는 하나님이 악하게 보시는 죄악입니다.

그럼에도 불구하고 많은 세상의 남편들은 성을 이해할 때에 아내라고 하는 성의 테두리를 가정 안에 항상 두면서도 또 다른 엔조이로서의 성을 분리한다는 것입니다. 즉 가정은 가정대로 있는 것이고 엔조이는 엔조이대로 따로 있다는 죄악된 발상을 한다는 것입니다.

최근 2015년 '한국여성정책연구원'에서 2000명의 성인 남녀를 대상으로 조사한 보고에 따르면 한국기혼남자 100명중에 36명이 간통의 경험이 있으며 여자는 100명중 6명이 혼외정사의 경험이 있다는 충격적인 발표가 이루어졌습니다.

사회적으로 멀쩡한 지위를 가지고 있으며 겉으로는 점잖아 보이는 사람이라 할지라도 심각한 성적인 타락에 빠져 있는 것이 우리 사회의 실제 모습이라는 사실입니다. 오죽하면 퇴폐 유흥업소 출입명단에 성직자 빼고는 거의 모든 사회 각계각층의 지도급인사 명단이 나온 것으로 우리 모두가 아연실색케 된 적이 있다는 것입니다.

뒤이어 2015년 2월26일 헌법재판소에서조차 개인의 성적인 결정권을 제한할 수 없다는 이유로 '간통죄 위헌'이라는 판결이 나면서 이제는 합법적으로 바람을 피워도 제제를 할 수 없는 세상이 된 것입니다.

인본주의에 바탕을 둔 판사들의 기준은 소위 인권을 존중한다는 명목으로 남의 집 이불 속 일은 관여하지 않겠다는 것입니다. 그러나 이 문제는 단순한 이불속 문제에 국한되는 단편적인 이야기가 아니라는 것입니다.

부부간의 성이 타락함으로 가정이 파괴되고 자녀들이 길을 잃고 방황하게 되며 불행의 나락으로 떨어지게 되는 것은 자연스런 수순입니다. 더 나아가 가정이 깨어짐으로 오는 사회적 해악은 가히 추측 불가라는 것입니다. 가정은 모든 질서와 공동체의 뿌리이기 때문입니다. 따라서 재판관들의 판단은 사회문제의 근원이 되는 곳이 부부의 이불속이라는 것을 간과한 결정이라고 할 것입니다.

개인의 성적취향의 자유를 국가가 억압할 수 없다는 허울 좋은 논리에 커다란 사회 공동체 안에 암 덩어리를 심어놓는 결과를 낳을 수 있다는 사실을 놓쳤다는 것입니다.

사탄마귀는 사회와 공동체를 병들게 하는데 있어서 손쉽게 한번 치면 다 넘어가는 곳을 알고 있습니다. 그곳이 바로 부부의 이불속이라는 사실입니다.

이것은 역사적으로도 증명된 일입니다. 하나님은 성이 타락한 베냐민 지파를 거의 멸절시키셨으며 소돔고모라를 멸망시키시고 로마제국의 멸망도 성적타락이 깊이 자리하고 있다는 것을 우리는 역사가들을 통해 알 수 있습니다. 성의 타락은 한 개인의 타락에 그치는 것이 아니라 가정의 붕괴와 더 나아가 그 사회공동체의 멸망의 단초가 되었다는 사실입니다.

> "모든 사람은 결혼을 귀히 여기고 침소를 더럽히지 않게 하라 음행하는 자들과 간음하는 자들을 하나님이 심판하시리라"
>
> (히브리서 13:4)

7계명에 약한 것이 우리 모두의 본성입니다. 그러므로 성에 유혹은 그 앞에서 맞서 싸워야하는 것이 아니라 미리 대비하는 것으로 준비해야하는 것입니다. 가장 바람직한 대비는 부부간 서로의 샘에서 나오는 샘물로 충분이 만족하는 것입니다.

> "너는 네 우물에서 물을 마시며 네 샘에 흐르는 물을 마시라 어찌하여 네 샘으로 집밖으로 넘치게 하며 네 도랑물을 거리로 흘러가게 하겠느냐 그 물이 네게만 있게 하고 타인과 그것을 나누지 말라 네 샘으로 복되게 하라 네가 젊어서 취한 아내를 즐거워하라!"
>
> (잠언 5:15~18)

그렇다면 왜 부부간의 성으로는 만족하지 못하고 엉뚱한 곳에서 만족을 찾으려하는지를 알아야하겠습니다. 먼저는 성의 무지와 수치와 왜곡으로 성이 개발되지 않아서입니다. 성적으로 부부가 서로 자극하는 일과 상대방을 만족시켜주는 법에 대한 무지는 애초에 성을 창조하신 하나님께 조금도 영광을 돌려드리는 행위가 아닌 것입니다. 부부간에 침실에서 개발되어야할 성이 죄악 간 타락의 현장에서만 개발되고 있는 것을 보면 이 또한 사탄이 왜곡해 놓은 부분이라고 할 수 있을 것입니다.

"이삭이 그 아내 리브가를 껴안은(애무하는)것을.."(창26:8) 과도같이 부부간의 성은 끊임없이 참신하게 개발되어야 한다는 사실입니다. 하나님은 바다를 향하여 항해하라고 하셨는데 웅덩이에 머물러 있으면서 거룩한 척하는 것은 하나님이 바라시는 일이 아닌 것입니다.

다음으로는 관계로 인한 문제 때문에 오는 성에 대한 반감입니다. 두 사람 사이에 일어나는 분노와 적개심 불안과 죄책감을 가지고서 성적인 감각을 같이 느낀다는 것은 매우 어려운 일입니다. 살면서 일어나는 이러한 감정을 일일이 통제하면서 부부관계를 갖는 것 또한 쉬운 일이 아닙니다. 대화는 더욱 어려워지고 함께 보내는 시간은 부족해지고 솔직한 나눔은 실패로 돌아갑니다.

그럴수록 자기중심적인 목표에서 벗어나서 섬기는 자세로 나아가야합니다. 이러한 헌신과 노력이 성적 즐거움을 방해하는 것도 사실입니다. 하지만 하나님은 우리가 성숙해가는 인격적관계속에서 성의 즐거움을 경험하기 원하십니다.

마지막으로 부부의 성을 가로막는 중요한 요인으로 성과 관련이 있는 과거의 정서적 상처로(강간, 근친상간, 성적 호기심에 대한 처벌)인하여 생기게 된 개인의 콤플렉스나 심리적은 억압 등으로 생기게 됩니다. 이러한 성장과정에서 일어난 성적인 상처와 아픔으로 겪게 되는 인격 장애의 문제는 전문적인 내적치유의 과정을 겪으며 주님의 도우심과 치유를 받아야 할 것입니다.

남편들아
이와 같이 지식을 따라 너희 아내와 동거하고
그를 더 연약한 그릇이요
또 생명의 은혜를 함께 이어받을 자로 알아 귀히 여기라
이는 너희 기도가 막히지 아니하게 하려 함이라

베드로전서 3:7

제4강

남편코칭

들어가기

  남자들이 주로 하는 말 중에 "도대체 여자들은 마음을 알 수가 없단 말이야!"란 말을 흔히 듣게 됩니다. 그러나 남편들에게 이와 같은 말은 성경적으로 보았을 때 그다지 올바른 말이 되지못합니다.. 벧전3:5을 보면 "남편들아 지식을 따라 너희 아내와 동거하라!"고 하셨습니다. 즉 아내의 본성과 요망사항을 잘 이해하고 살라고 하셨던 것입니다.

  물론 여자의 마음은 사실 여자도 모른다는 말이 있습니다.(?) 그만큼 복잡한 뇌 신경구조의 반응으로 이루어지는 것이 바로 여자들의 마음입니다. 여자 자신도 모르는 마음을 단순한 남자들의 머리로 이해하려고하는 것은 어찌보면 무모한 일이고 불가능한 일이 될 수도 있습니다.

  그러나 남자들에게는 하나님이 보내주신 아내에 대하여 공부하라는 명령이 주어졌습니다. 자신의 아내를 알아야하며 그 앎의 깊이가 깊어지면서 온전한 하나의 육체가 되는 과정을 경험할 수 있기 때문입니다.

  그런데 아내에 대한 지식이 없는 사람은 그저 자기 식으로 애정을 표현합니다. 이를테면 선물을 할 때도 아내가 원하는 것이 아니라 자신이 주고자 하는 것에 관심이 있습니다. 그러면서 이 세상에는 자신과 같은 자상한 남편은 없다고 하는 착각에 빠져 살아갑니다. 나는 잘 한다고 하는데 왜 이 모양인지 자책하기도합니다. 이 정도는 귀엽습니다. 문제는 이러한 착각속의 남편조차 없다는데 부부간의 불행이 시작된다고 할 것입니다.

그래서 본장에서는 '아내학'을 공부한다고 하는 차원에서 보편적 여성으로서의 아내가 남편에게 바라는 것을 7가지로 묶어서 살펴보도록 하겠습니다.

1. '사랑해요!'라고 말해주세요.

아내의 남편에 대한 기본적인 욕구는 사랑을 표현해 달라고 하는 데에 있습니다. 아내들은 자신을 향한 남편의 사랑을 알고 있으면서도 계속해서 그것을 확인받고 싶어 하는 속성이 있습니다. 이에 대한 남편들의 반응은 쑥스럽고 낯간지러운 일로 받는 것이 일반적 현상입니다.

남자들에게 있어서 사랑한다는 말은 일종의 정보의 전달 같은 것으로서 그것은 이미 결혼식 때 만인 앞에서 공식적으로 전달한 것임으로(?) 그것을 또 들춘다는 것은 의미 없고 따분한 일이 될 수 있습니다.

하지만 아내들에게 있어서 사랑한다는 말은 정보의 전달이 아니라 감정의 교감을 말합니다. 그래서 계속된 감동을 경험하고자 사랑한다는 말을 듣고 싶어 하는 것입니다.

어떤 이들은 창세기의 하와창조기사를 들어서 조크를 하기도합니다. "갈비뼈는 여럿인데 그중의 하나로 나를 만들었다면 나머지로 얼마든지 다른 여자를 만들 수 있겠구나하는 생각이 들었다는 것입니다. 그래서 하와는 아담이 잠들 때마다 그의 갈비뼈를 확인해보고서야 잠이 들었다고 합니다."

여자는 계속된 사랑의 확인을 원하는 것입니다. 어찌 보면 남편들에게는 정보를 반복해서 처리해야하는 일이 답답하고 지루한 일 일 수 있으나 결혼과 그에 따르는 책임으로서 남편들은 아내의 마음을 헤아려야 할 것입니다.

우리의 아내들은 남편의 부드러운 사랑의 말을 통해서 보호를 받고 있다고 느끼며 그때에 최고의 평안과 안정감을 느낍니다. 그러나 많은 경우 남편들이 자기 아내에게는 부드러운 말을 하지 않습니다. 어떤 경우에는 거칠던 남편이 갑자기 자상해지면서 부드럽게 아내를 대하면 그거는 밖에선 못 된 짓 하고는 미안해서 잘하는 것이랍니다.(?) 왜 그렇게 많은 아내들이 제비(?)들에게 넘어가는 것입니까? 제비는 부드러운 말로 접근하기 때문입니다. 거친 제비는 없습니다.(?) 부드러운 말로 여성의 감성을 만지기 때문입니다.

주로 이런 겁니다. "낙엽이 쓸쓸히 뒹구는 계절에 가사일로 얼마나 노고가 많으십니까..!..사모님.." "바람소리만 들어도 그 안에 당신이 있습니다.." 뭐 이런 허무맹랑한 말이나 채팅에 넘어가는 아내들을 남편들이 이해 못하는 것은 여성을 몰라도 너무 모르기 때문입니다.

부드러운 말은 남편이 아내에게 할 때 어울리는 것이지 제

비가 거짓된 마음으로 하는 것이 아닙니다. 오늘이라도 남편들은 진심어린 마음으로 부드럽게 말해주길 바랍니다.

"당신을 보고 있으면 하나님이 날 얼마나 사랑하시는지 알 것 같아!", "당신은 내 생애 최고의 선물이야!", "당신만 있으면 다른 것은 필요 없어!"

오늘 이후로 부드러움을 연습하고 훈련하는 과정을 이수하는 남편들이 되어야할 것입니다.

2. 정서를 나누는 대화를 원해요!

아내는 감성의 교감을 원하는데 이와 같은 교감은 차가운 이지의 두뇌를 갖고 있는 남편에게는 상당부분 바보 같은 물음으로 비춰질 수 있다는 것입니다. "창밖에 비가 오네요.."를 건네는 아내의 말이 무드 없는 남편의 귀에는 답답한 말일 수가 있는 것입니다. 비가 오는 것은 보면 아는 것이지 말해서 아는 게 아니기 때문입니다.(?)

정보수집능력이 발달한 사람일수록 어리석은 질문을 하는 것을 몹시 싫어하게 되어 있습니다. 멀쩡하다가도 이런 유의 질문을 들으면 발끈하는 남편들이 아직도 있을 수 있습니다. 아내는 아내대로 따스한 남편과의 정서적 교감을 통한 남편과의 대화와 소통을 원한다는 것입니다. 단순한 사건의 교감에서부터 정서의 소통을 찾으려하는 부분을 남편들은 이해해야 한다는 것입니다.

상담심리학자들은 말하기를 정신과적 치료를 받는 여성 중에는 하고 싶은 말들이 쌓여있는데 그것을 풀어놓을 데가 없어서 그것이 결국 병리적인 발병의 원인이 되었다는 것입니다.

그래서 계속해서 이야기를 들어주는 것만으로도 치료가 이루어진다고 하였습니다. 오죽하면 아예 남의 이야기를 전문적으로 들어주는 곳까지 생겼다고 하니 남편들은 비록 고역이라고 할지라도 아내의 말을 잘 들어주는 기술을 쌓고 그에 따르는 훈련을 하는 것이 사랑하는 아내가 질병에 걸리지 않게 하는 길인 것을 또한 알아야할 것입니다.

하루 종일 표도 나지 않는 집안일을 하고 또는 심신이 고단한 직장 일을 마치고는 남편과 함께 작은 이야기들을 나누면서 스트레스를 풀게 됩니다. 그런데 대화를 원하는 아내는 제켜두고 퇴근하자마자 TV리모컨만 붙들고 있는 남편들은 지금 자신의 가정이 급속히 병들어가고 있음을 빨리 깨달아야 할 것입니다.

3. '솔직한 당신'을 원해요.

많은 남편들에게는 아내와의 사이에서 모든 것을 밝히지 않고 두리뭉실하게 넘어가려하는 마음이 있습니다. 아내들은 한 번속고 두 번속고하다가 불신의 벽은 갈수록 높아져서 아예 남편의 모든 말을 믿지 않게 되고 자신도 속마음을 털어놓지 않게 되니 부부사이는 항상 겉돌게 되는 경우가 있다는 것입니다.

같은 집 같은 방에 살되 남남으로 살아가는 부부 아닌 부부라고 할 수 있을 것입니다. 부부간의 신뢰의 구축은 마치 집을 짓는데에 있어서 주춧돌과도 같습니다. 남편들은 자신의 부정직함이 낳은 결과가 얼마나 불행한 결과를 낳게 되었는지 큰 일이 있고난 후에야 깨닫게 된다는 것입니다.

한번 빗나가기 시작한 부부간의 의심은 무서운 '의처증'이나 '의부증'으로 발전하고 둘 사이를 끊임없이 괴롭히게 됩니다. 이러한 증상을 앓는 사람들의 말을 들어보면 정말 끔찍하기 이를 데가 없습니다. 인간이 하나님 앞에 벌거벗은 것처럼 남편들은 아내 앞에서 벌거벗어야 합니다. 그때야 가정에 평안이 있습니다. 자꾸 가리려고 하고 숨길려고 한다면 결코 가까워질 수 없습니다.

결국 하나님을 향한 진실한 믿음은 아내를 향하여서도 정직한 믿음을 줄 수 있는 남편이 되게 합니다.

혹자는 말하기를 부부간에는 약간의 비밀이 있어야 오히려 원만한 부부관계를 위해서 바람직할 수 있다고 이야기하곤 합니다. 불순한 동기에서 갖게 되지 않는 비밀이라면 그리고 윤리에 어긋나지 않는 것이라면 부부간의 참신함이나 신선함을 줄 수 있는 매개가 될 수 있다고 합니다.

그러나 이것은 성경적이지는 않는 이야기입니다. 아담과 하와가 벌거벗었으나 부끄러워하지 않았다는 말은 단순히 신체적 의미의 수치심을 말하는 것이 아니라 둘 사이에는 그 어떤 가리는 것도 없어야 한다는 의미의 말씀이 됩니다. 남편들은 아내들 앞에 정직히 행하며 부부간의 믿음과 신뢰를 견고히 다져야할 것입니다.

4. '경제권'을 원해요!

결혼 문제를 연구하는 상담 가들에 의하면 돈이 많건 적건 간에 부부의 60%가 돈으로 인한 갈등으로 살아간다고 합니다. 이혼사유에서도 갈수록 경제적문제로 갈라서게 되는 부부가 늘어나고 있는 통계가 그것을 더욱 증명 한다고 하겠습니다.

가정에서 남녀의 역할이 많이 바뀌었어도 아직까지 가정의 경제권에 대한 책임은 남자에게 있습니다. 그러므로 가정경제의 전권을 남편이 가져야 한다는 생각을 하는 남편들이 있습니다. 돈은 자신이 벌었으므로 자신이 마음대로 해야 한다는 논리입니다.

그러나 가정에서 아내가 치루는 가정살림과 아이들의 부양은 남편이 직장에서 받는 고충 그이상의 것입니다. 보수로 환산한다고해도 노동의 질로 보나 양으로 보나 남편의 벌이만큼은 되고도 남습니다. TV에서 남편과 아내의 역할 바꾸기 프로를 시청한 일이 있습니다. 남편과 아내가 각각 3일 동안 남편은 가사 일을 하고 아내는 결혼전다니던 직장에 나가게 되었습니다. 남편은 우는 아이를 달래며, 먹이며, 씻기며 표도 안 나는 집안일을 보다가 지쳐서 밤이 되자 너무 힘이 들어서 아예 모든 것을 내려놓고 우는 모습을 본 적이 있습니다. 그리고 그때 이후로 남편은 아내를 존경스러운 눈으로 바라보았다는 것입니다. 반대로 아내는 직장생활이 가정 일보다는 수월하다는 고백을 했다고 합니다.

사람들이 하는 말 중에 매우 잘못된 말이 하나 있습니다. 기질이 좋지 않은 사람들이 사람을 무시할 때 "집에 가서 애나 봐라!"라고 이야기하는 것이 그것입니다.

그러나 단언하건데 이런 말을 하는 사람은 한 번도 애를 봐

보지 않은 사람이기 때문에 할 수 있는 말이라는 것입니다. 하루만이라도 아이를 본 일이 있다면 그와 같은 소리가 결코 그 입 밖에서 나오지 못할 것이기 때문입니다.

그러므로 남편들은 자신이 번 돈의 반은 아내의 것이라는 의식이 있어야합니다. 그러니까 같이 번 것입니다. 아내 또한 규모 있는 씀씀이로 가정경제를 든든히 세워나가야 합니다. 남편이 힘들게 밖에서 벌어온 돈으로 아침부터 저녁까지 백화점 순례하기만 좋아하는 아내가 되어서는 안되겠습니다. 물론 남편 또한 아내가 작은 것 살림살이 하나 마련하는 데에도 시시콜콜 말이 많고 끼어들면서 잔소리하는 남편이 되어서도 안 될 것입니다.

과거에는 시어머니가 며느리에게 곳간의 열쇠를 주는 것이 가정경제권의 이양을 의미하는 것이라고 했는데 우리의 아내들은 경제권의 회복을 통해서 자신이 아무개 집안의 일꾼이아니라 주인임을 인정받고 싶어 한다는 것을 남편들은 알아야 할 것입니다.

5. 가정에 깊은 관심을 가져 주세요.

많은 변화가 이루어졌지만 아직까지 가장 전형적인 부부의 형태는 남편은 바깥일을 보는 사람이라는 것이고 아내는 집안일을 보는 사람이라는 의식입니다.

옛 시대에는 사회적 제약이 분명했음으로 이에 반대하는 것은 그 사회구성원이 될 수 없다는 것을 의미했지만 이와 같은 가정원리에는 모순이 많이 있음을 알게 됩니다. 부부간의 갈등의 증폭은 바로 이와 같이 이원론적으로 남편과 아내의 일을 이분화 하면서부터 라고 할 수 있습니다.

단적인 예를 들자면 집안일은 아내의 일임으로 모든 집안의 일을 비롯해서 아이들의 문제까지 전적인 아내의 책임으로 돌리는 데에 있습니다. 집에만 들어서면 아이들 가정교육 운운하며 아내를 몰아세우는 남편이 있습니다. 그러나 가정교육의 중심에는 어머니가 아니라 아버지가 있다는 것을 남편들은 알아야 할 것입니다.

그렇다고 남편들에게 아내들 뒤를 쫓아 다니면서 잔소리만 하고 집안 살림의 흠을 잡으라는 말은 아닙니다. **아내는 남편의 무책임한 간섭이 아닌 자발적인 참여를 원하는 것입니다. 가만히 보면 남편들은 이것저것 아내에게 따져 묻기를 잘하는데 가정일과 집안일에 대해서 정작 무엇을 도와주려는 열의는**

없다는 것 입니다.

그러나 남편들이 기억해야 하는 것은 회사에서 아무리 좋은 판매실적을 올리고 능력 있고 인기 있는 사원이라고 해도 그와 같이 밖에서 잘나가는 주가가 가정에서는 통용되지 않는다는 것입니다. 집에서는 당장 고장 난 수도꼭지 고치고 아이들과 놀아주는 아버지가 필요할 뿐이라는 것입니다. 회사에서 아무리 업무능력이 뛰어나다고 해도 집에서는 당장 아들이 던져주는 공을 받아줄 아버지가 필요할 뿐입니다.

모든 가정에 책임을 아내에게만 미루고 결과만 놓고 이렇쿵저렇쿵 말이 많은 남편들은 행복한 가정을 이룰 수가 없습니다.

어떤 남편은 말하기를 돈 만 많이 벌어다주면 그만이라고 말할 수도 있습니다. 아내 또한 가정에는 아무래도 좋으니 돈만 많이 벌어오라는 아내도 없는 것은 아니겠지만 참다운 가정이 이루어지기 위해서 남편의 일은 또한 아버지로서의 일이기도 하다는 것입니다.

하나님께서 허락하신 가정의 울타리를 가꾸기 위해 아내들은 작은 부분이라도 책임자인 남편이 집안에 손때를 묻히고 애착을 가지고 돌보는 남편의 모습을 기대하는 것입니다. 아내는 쓸고, 닦고, 설거지하고 정신없는데 자신은 성채의 성주처럼 푹신한 소파에 앉아서 한손에는 과일포크를 그리고 또한손엔 리모컨뿐이라면(?) 그 가정의 행복은 요원 할 것입니다.

그러면 남편들은 또 회사일로 눈코 뜰 새 없이 바쁜 와중에 집안일에 신경 쓸 겨를이 없다거나 집에서만큼은 쉬고 싶다고 말하게 됩니다. 그러나 남편들이 기억해야하는 것은 사회적인 대의명분을 중시하는 유교에서도 '수신제가' 먼저 한 후 '치국평천하'하라고 했고 '가화'가 '만사성'이라고도 했다는 것입니다. 그리고 성경에서도 보게 되면 하나님은 태초에 가정을 창조하셨으며 또한 말세에 예수그리스도로 인해 하나님의 가정을 이루는 것으로 마치고 있다는 사실입니다.

가정의 일은 대외적인 일보다도 더욱 관심을 기울이고 신경을 써야하는 곳이라고 할 수 있습니다. 가정을 돌 볼 시간이 없다는 말은 가정의 가치를 모르는 사람이하는 말인 것을 알게 됩니다. 결국 자기가 돌아갈 곳이 어딘지 모르는 사람들의 말이라고 할 것입니다.

6. 저는 당신의 거울(에젤)입니다.

창세기 2장에 보면 하나님께서 여자를 지으실 때 '돕는 배필'로 지으셨다는 말씀이 있습니다. '돕는 자'의 히브리어 원뜻은 '에젤'이라는 말로 '그 앞에서 돕는 자'를 뜻하며 이 말은 남성명사로서 '거울'과도 혼용해서 쓰인다고 합니다. 여기서 우리가 알 수 있는 것은 하나님께서는 여자를 통해 남자의 형상을 반영하고자 하셨던 것입니다.

남자는 하나님과의 관계에서 뿐만 아니라 아내와의 관계를 통해서 자신을 발견하도록 지음 받았다는 의미가 될 것입니다. 아내가 자신에게 행하는 것을 보면서 또한 하나님 앞에 서 있는 자신의 모습을 비춰 볼 수 있도록 하셨다는 의미도 되겠습니다. 즉 **여자가 남자의 돕는 배필이 되었다는 말의 본래 의미는 남자 자신의 거울이라는 말입니다.**

그러므로 돕는 자라고 하는 이 말씀을 잘못 이해하면 안됩니다. 성경에 아내를 가리켜서 '돕는 자'라고 했으니까 아내에게 바라기만하고 자기는 누워서 손 하나 까닥하지 않으면서 심부름만 시키는 존재로 알게 된다면 이는 성경을 곡해하고 있는 것입니다. 아내를 통해서 자신의 모습을 잘 발견하고 사는 사람이 참으로 하나님의 창조원리에 따라 사는 사람이라고 할 수 있을 것입니다.

자신의 모습을 바라보고는 구박하고, 면박 주며, 무시하는 남편이 있다면 이는 어리석은 남편일 것입니다. 남편들은 오늘 집에 돌아가서 거울(아내)을 보며 "집안 일 하느라 얼마나 힘들었어!", "당신은 정말 매력적이야", "누가 당신을 힘들게 했어..내가 당신을 지켜 줄게 .."라는 말로 위로하는 것으로 자신의 자존감을 높이 세우는 은혜가 있기를 간절히 소망합니다.

7. 오직 나만을 사랑해 주세요!

사랑을 받고 자 하는 마음은 모든 사람이 갖는 마음이지만 특별히 여자는 더욱 그러합니다. 여자는 처음에 지음을 받을 때 남편으로부터 사랑을 받고서야 살 수 있는 존재로 지으셨습니다. 남편은 아내의 사랑을 받으면 좋겠지만 안 받아도(?) 그렇게 큰 문제가 일어나지는 않습니다. 그러나 아내가 남편의 사랑을 받지 못할 때는 같이 살 수 없는 일이 벌어집니다.

여자는 사랑을 찾아가기 때문입니다. 여자는 자신을 사랑해 줄 로망에게 나아가도록 만들어졌기 때문입니다. 창세기 3:8 에서 "너는 남편을 원하고.." 했을 때 남편의 사랑을 원한다는 의미입니다. 아주 특별한 경우를 제외하고는 아내가 바람이 나는 경우의 대부분은 자신이 남편의 사랑을 받지 못한다고 느끼기 때문입니다.

그러므로 여기서 남편이 깨달아야 하는 것이 있습니다. 그것은 남편 자신이 주고 싶은 사랑을 주어서는 안 되고 아내가 목말라 하는 사랑을 주어야 한다는 것입니다. 가끔 어떤 남편은 아내를 멀리서 바라보면서 사랑한다고 하는데 이것은 아닐 말입니다.

아내는 멀리서 바라보면서 애태우는 사랑을 주면 안 되고 가까이 해서 품에 두며, 부드럽게 스킨십으로 터치하고, 계속해서 말로 캐어하는 것으로 사랑해야 한다는 것입니다.

아내를 멀리 두고서 사랑한다 하고는 나중에 외도하게 된 아내를 원망하는 일은 아내를 모르는 어리석은 남편의 무지의 소산입니다. 온전한 남편의 사랑을 받고 그것을 느끼고 사는 아내라면 결코 엉뚱한 외도의 길로 나가는 일은 없다는 것입니다.

흔히 바람피우는 남자들이 자신을 정당화하기 위해 하는 말 중에 남자는 여러 여성을 사랑 할 수 있지만 여자는 한 남자만을 사랑 할 수 있다는 말이 있습니다. 그러나 그 말이 또

어느 정도 맞는 것은 남자는 바람을 피워도 결코 자기 가정은 버리지 않으며 나중에 조강지처를 찾아온다는 말이 있지만 여자가 바람을 피우게 되는 경우라면 이미 가정은 다 버린바 된 상태라는 것입니다. 가정은 가정대로 돌보면서 밖으로 바람피우고 외도하는 여자는 없다는 것입니다.

옛날 어른들이 남자고무신은 좌우 짝이 분명하기 때문에 나중에 자기 짝을 찾아오지만 여자 고무신은 좌우 짝 구분이 안되어(?) 짝을 못 찾는다는 말을 우수개 소리로 하지만 분명한 것은 온전한 사랑을 받고 있는 여자는 엉뚱한 짓을 하지 않는다는 것입니다.

그러므로 남편은 오직 자신의 한 아내만을 사랑해야합니다. 자신은 모든 사람을 사랑한다 하면서 모든 여인을 사랑한다고 하면 바람둥이일 뿐입니다. 진리에 관한한 절대성을 지닙니다. 이를테면 우리를 낳으신 아버지는 한 분이십니다. 여기저기 다니면서 아버지라고 부르면 아버지는 한분도 없는 것입니다. 마찬가지로 남편이 사랑해야하는 사람은 오직 하나님이 허락하신 내 아내 한 사람이어야 합니다. 이것은 마치 성도인 우리 크리스천이 오직 예수님만을 사랑해야 하는 것과도 같습니다.

아내들아
이와 같이 자기 남편에게 순종하라
이는 혹 말씀을 순종하지 않는 자라도
말로 말미암지 않고 그 아내의 행실로 말미암아
구원을 받게 하려 함이니

베드로전서 3:1

제5강

아내코칭

들어가기

성경은 줄기차게 남편에 대한 아내의 복종을 역설하고 있습니다. 물론 여성들에게 이 말씀은 영 못마땅한 말일 수 있습니다. 남녀평등의 근거를 마련해준 성경에까지 남편에게 복종하라는 말은 특히나 여권 운동가들의 귀엔 더욱 거슬리는 말임에는 틀림없습니다.

그들은(여성해방신학자) 급기야 성경을 자구적으로 해석하면서 성경 속 인물들의 진정한 강자는 여성이었음을 역설하기에 이르렀습니다. 이를테면 마귀가 선악과를 먹도록 유혹할 때 하와에게 먼저 다가간 것은 하와가 강자이기 때문에 강자를 먼저 결박시키기 위해서라는(?) 논리를 주장한다는 것입니다.

강자에 대한 약자의 맹목적인 복종은 분명히 잘못된 것입니다. 성경에서 말하는 복종은 결코 이와 같은 유의 복종을 말하는 것은 아닙니다. 예수님께서 십자가를 지시고 골고다로 올라가신 그 길은 강요에 의한 길이 아니었습니다. 사랑하는 아버지의 말씀에 자발적으로 순종하여 올라간 길이라는 것입니다.

한용운님의 '복종'이라는 시가 이 부분을 잘 설명한다고 해야 할 것입니다. 〈남들은 자유를 사랑한다지만은, 나는 복종을 좋아하여요/ 자유를 모르는 것은 아니지만, 당신에게는 복종만 하고 싶어요/ 복종하고 싶은데 복종하는 것은 아름다운 자유보다도 달금합니다, 그것이 나의 행복입니다/ 그러나 당신이 나더러 다른 사람을 복종하라면 그것만은 복종할 수가 없습니다/ 다른 사람을 복종하려면, 당신에게 복종할 수가 없는 까닭입니다〉

성경은 부부가 존재론적으로 평등함을 가르치고 있습니다. 에베소서5:21이하가 부부간의 관계를 나타내는 가장 대표적인 구절로서 어느 한 절만을 인용해서 적용할 때는 전체 해석에 무리가 따르게 됩니다.

처음 21에서는 분명히 부부가 피차 서로 복종하라고 말씀하십니다. 그리고 나서 아내는 남편에게 '복종'하고 남편은 아내를 '사랑'하라고 가르치고 있다는 것입니다.

흔히 '복종'만 기분 나쁜 말로 생각하는 경우가 있는데 억지로 하는 '사랑'또한 기분 좋은 행위일수는 없을 것입니다. 이 말씀은 부부간이 '굴종'과 '종속'의 관계가 아니라 부부간의 역할과 책임을 밝히신 구절임을 알아야 할 것입니다.

1. '성적 만족'을 원해요!

남편들이 자신의 부인에게 바라는 가장 큰 바램이 무엇이겠냐고 부인들에게 물었을 때에 제일 첫 번째로 들어있는 것은 뜻 밖에도 '성적만족'이었습니다. 이 결과를 보게 된 대부분의 부인들은 역시 남자들은 그것만 밝히는 속물(?)이라고 단정하고 손가락질할 수 있겠지만 사회속의 성이 타락해 있다고 해서 부부의 성 조차 색안경을 끼고 바라보려고 하는 아내가 있다면 이는 심각하게 성을 왜곡시키고 있는 경우라고 할 수 있을 것입니다.

특별히 지나치게 성적으로 억눌린 가정에서 자라났거나 성적인 충격에 사로잡혔던 기억이 있는 여성들은 가정을 갖고서도 원만한 부부생활을 이루기가 쉽지 않습니다. 3강의에서도 다루었지만 부부간의 성은 아름다운 것입니다. 우리가 한 끼의 밥상을 두고 감사의 기도를 해야 하는 것과도 같이 부부의 침상을 주신 하나님께 감사해야 한다는 것입니다.

하지만 이것은 왠지 어색한 것이 사실입니다. 그 이유는 밥은 많은 사람들이 있는 가운데에도 먹을 수 있는 것이지만 성은 오직 하나님과 남편과 아내만이 아는 은밀한 곳에서 이루어지는 것이기 때문입니다. 이 부분이 중요합니다. 하나님이 부부를 은밀히 아시는 것처럼 부부간에도 역시 서로를 은밀히 알아야 한다는 것입니다. 여기에 창피함과 부끄러움이 있어서는 안 될 것입니다.

하나님께서만 아시는 우리의 모습이 있듯이 남편만 아는 아내가 있어야하고 아내만 아는 남편의 모습이 있어야합니다. 하다못해 밥을 먹어도 사람마다 식성이 달라서 더 먹고 싶은 것은 더 달라고 할 수 있는데 부부간의 성 문제에 있어서도 서로가 자유롭고 자연스러운 대화를 통하여서 의사를 표현해야 한다는 것 입니다.

남편의 성적인 요구를 무시하고 성은 오직 남편을 위해서 자신을 봉사하고 희생하는 것으로만 여기는 아내가 있다면 이는 하나님께서 주신 bed time을 bad time으로 만들고 마는 어리석은 여인의 표상이 될 수 있다는 것입니다.

2. '취미와 여가'를 같이 누리기를 원해요!

흔히 취미와 여가생활을 부부가 같이 갖기 원하는 쪽은 남편보다 아내라고 생각하기 쉽지만 이것도 의외로 실제로는 많은 아내들이 여가를 같이 보내자고하는 남편을 비현실적인 사람으로 평가하고 한다는 것입니다.

직장에서 남편이 일에만 파묻혀 사는 것과 같이 아내 또한 집에서 가사 일 에만 모든 신경을 몰두하며 살아갑니다. 고기도 먹던 사람이 먹고 여행도 가던 사람이 다닌다고 평생을 가사 일만 해온 아내의 경우라면 그 일상의 범주와 사고의 틀을 벗어나기가 어려운 것이 사실입니다.

때로는 찌든 일상을 벗어버리고 싶지만 마음뿐이지 막상 가까운 여행을 떠나는 것조차 마음대로 되지 않는 경우가 우리 주위에는 많이 있습니다.

세상이 많이 달라졌다고는 하지만 아직도 우리 곁에는 직장생활 이외에 다른 것을 생각해 보지 못한 남편이 있는 것처럼 가사일의 테두리 이외의 것을 전연 경험하지 못하는 아내가 있는 것도 사실입니다.

평생을 남편이 벌어다 준 돈을 알뜰살뜰 모으는 데에만 관심이 있었지 여행이다 스포츠다 레져다 하는 것은 남의 이야기에 불과했습니다. 심지어는 여가를 위해 들어가는 시간과 돈은 낭비 그자체로 여기는 사람도 없지 않다는 것입니다.

그러나 성경은 여가생활의 당위성을 강조하고 있습니다. 우리가 천국에 가는 것도 결국은 험난한 세상을 살다가 하나님 품으로 들어가 쉼(안식)을 얻는 것이기 때문입니다. 잘 알다시피 기독교문화가 정착된 서구인들에게 있어서 '일'은 철저히 '여가'를 위한 것이 됩니다. '일'을 위한 '일'은 사람을 기계로 만들뿐입니다. 반대로 '여가'를 위한 '여가'도 사람을 불한당(不汗黨)으로 만들어버립니다. 이 둘의 조화가 사람의 삶을 윤택하게하고 풍요롭게 하는 것입니다.

남편은 모처럼 시간을 내어 아내에게 여행을 가자고 하는데 아내는 내일이 아이들 시험이라고 한다든지, 거기 쓸 돈 있으면 반찬 사 오겠다든지 한다면 남편은 자신이 하는 일의 의미조차 잃어버리게 됩니다. 그리고 변칙적인 외도의 길을 걷게 되는 구실을 주는 것일 수도 있다는 것을 아내들은 기억해야 할 것입니다.

3. '자신을 가꾸기'를 원해요!

　남편들이라면 누구나 자신의 아내만큼은 외면적으로나 내면적으로나 매력 있는 여인이기를 원하는 것은 당연지사입니다. 이 사실을 많은 아내들이 알고 있으면서도 정작 자신의 매력을 개발하기위해 노력하지 않는 것도 사실입니다. 그리고 한결같은 아내들의 넋두리는 다음과 같습니다. "누군 꾸밀 줄 몰라서 이러고 다니는 줄 아느냐!", "내가 그렇게 가꾸고 살았으면 우리 집이 온전했겠냐!", "현실이 따라주고 능력이 따라줘야하는 것이 아니냐!"등입니다.
　그러나 아내들이 알아야하는 부분은 남편들이 원하는 것은 아내의 사치나 허영이 아니라는 것입니다. 어리석은 아내들은 매력의 포인트를 물질적인 부분에서만 찾으려고 합니다.
물론 경제적인 여건이 아내의 매력에 미치는 영향을 무시 할 수는 없습니다. 하지만 진정한 매력은 내면에서 우러나오는 것입니다.

　또한 아내들은 자신의 매력을 오직 결혼을 위해서만 갈고 닦았음을(?) 남편으로 체험하게 해서는 안 될 것 입니다. 아내들은 이제 이 남자를 내 남자로 만들었으니 결혼 전과 같은 투자를 할 필요가 없다는 생각을 한다는 것입니다. 실제로 이제 막 결혼한 새신랑이 상담소를 찾아 이와 같이 하소연했다고 합니다.

이유인즉 자신이 퇴근하고 돌아왔을 때에 아내는 자신이 총각 때 신던 구멍 난 양말을 뒤집어 신고는 머리는 산발한 채로 밥통을 끌어안고 주걱으로 밥을 먹고 있었다는 것입니다. 결혼 전의 매력은 그 모습 속에서 완전히 달아나고 충격으로 집에 들어가기 싫다는 것입니다.

물론 극단적인 경우이겠지만 아내들은 귀담아 들어야할 부분이 있습니다. 아내들은 자신의 모습을 항상 신선하고 참신하게 가꾸기 위해 노력해야합니다. 남편 앞이라고 볼 것, 못 볼 것 다 보이는 것도 안 되겠지만 어디서나 퍼진 모습을 하고 있는 여자는 결코 매력적인 아내가 될 자격이 없다고 해야 할 것입니다.

아내들은 자신이 아내이기 전에 한명의 여자라는 생각을 끝까지 붙잡아야합니다. 이것을 놔 버리면 위험해집니다. 할머니가 되어도 자신은 여인이라는 자기정체성을 분명히 하고 살아갈 때 비로소 여인이 되더라는 것입니다.

남자라면 상관없습니다. 남자하고 싶든 안하고 싶든(?) 아무래도 좋습니다. 그런데 여자가 "나 지금부터 여자 안 할래.."라고 한다면 그 이후로부터는 우리 모두가 눈 뜨고 보기 어려운(?)사태가 일어날 수 있다는 것입니다.

몇 가지 여인의 매력을 소개한다면 똑같은 옷을 입어도 자신의 체형을 잘 살려서 입는 맵시 있는 여인이 아름다울 것입니다. 아무 옷이나 남이 예쁘다고 나에게도 어울리는 것은 아닐 테니까요.. 어떤 할머니가 미니스커트만 입고 다니며 반짝이 무대의상만 찾는 것은 오버된 여성미로 이 또한 못 볼 것이겠지만 자신의 몸매에 맞게 맵시를 찾는 여인은 아름다울 것입니다.

또한 무엇인가 생활 속에서 섬세하고 아기자기한 것을 만들어내는 솜씨가 있을 때 남편들은 매력을 느낄 것입니다. 세심한 손놀림으로 옷가지를 만든다든지 음식을 솜씨 있게 만들어내는 모습에서 남편들은 매력적인 여성미를 발견하게 될 것입니다.

그리고 또한 말씨가 고와야 할 것입니다. 예쁘게 생긴 외모에서 나오는 거친 말은 돼지 코에 금고리와 같이 어울리는 것이 아닙니다. 남편에게 상냥하며 대하는 모든 이들에게 부드러운 말씨로 다가서는 아내를 바라보는 남편은 그 입가에 만족한 웃음이 가득할 것입니다.

또한 아무리 외모가 맵시 있고 솜씨까지 가미한 여인이라고 할지라도 그 마음씨가 아름답지 못하면 진정으로 아름다운 여인이라고 할 수 없을 것입니다. 어른을 공경하고 아랫사람을 선대하며 불쌍한 사람을 보면 불쌍히 여길 수 있는 지극히 평범한 모습에서 아름다운 여인의 향기가 풍겨 나오는 것임을 잊지 말아야 하겠습니다.

4. '내조'를 원해요!

아무리 사회적으로 명망 있는 사람이라고 할지라도 그 사람의 지금이 있기까지 그 아내의 지극한 보살핌과 도움이 없었다면 이는 불가능한 일입니다. 이것은 어떤 남자라고해도 예외일 수 없습니다.

그런데 아내 측면에서 보면 '내조'라는 말은 '안에서 돕는다'는 뜻으로 평생을 남편과 자식을 수발하는 의미로 들릴 수 있다는 것입니다. 그렇다면 아내의 삶은 오직 남편과 자식을 위해서만 존재하는 인생이냐는 것입니다. 이것은 불과 얼마 전 까지만 해도 누구나가 받아들이는 사회통념이었습니다.

그래서 조선시대여인들은 남편의 과거급제와 입신양명이 곧 자신의 출세이며 영광이었지만 세상이 육체노동력 중심에서 정보기술 중심의 두뇌산업으로 사회가 바뀌면서 여성들도 사회로 진출할 수 있는 기회를 많이 얻게 되었습니다.

여기서 문제가 되는 것이 바로 가정과 자녀교육의 문제라는 것입니다. 많은 여권 운동가들은 자아의 실현과 자기 성취를 위해 여성들은 사회로 진출하라고 외치며 '무소의 뿔처럼 혼자서 가라!'고 소리를 높이고 있는 것이 현실입니다. 여성의 사회진출은 당연한 시대적 흐름이지만 그러나 우리의 가정들이 그로 인하여 어려움에 처하게 된다면 이는 재고할 필요가 있다고 하겠습니다. 아이들은 어머니의 품속에서 정서적인 안정을 얻으며 자라야할 나이에 이리저리 놀이방을 떠돌아다니고 남편들도 아내와 아이들이 있는 안식처로서의 가정을 잃어버린다면 이는 심각한 문제가 아닐 수 없겠습니다.

맞벌이가정의 문제가 여기에 있다고 하겠습니다. 물론 대다수의 맞벌이 가정이 경제적 필요에 의해서 어쩔 수 없는 선택이라고 하지만 어느 정도 삶의 여유가 있다고 하면 부부 중에 한명 정도는 가정에 있어야 그 가정의 안정이 이루어진다고 할 것입니다. 결국 남편들도 직장에 나가는 이유가 자아실현과 사회적 성공에 있다고 하지만 게 중에 대부분은 처자식을 향한 헌신에서 직장생활을 감당한다고 해야 할 것입니다.

중요한 것은 가정이라는 것입니다. 가정이 먼저 있고 그리고 나아가 교회가 있으며 사회가 있는 것입니다. 건강한 가정을 이루지 못했다면 당연이 교회와 사회는 볼 것도 없이 건강하다고 볼 수 없을 것입니다.

결국 따지고 보면 **가정을 지키기 위해서 남편은 밖에서 뛰는 것이고 가정을 지키기 위해서 아내는 가정을 돌보는 것입니다.** 하나의 목표를 향한 공동 작업임으로 남편의 도약은 곧 아내자신의 도약이기도 할 것입니다. 내조가 되었건 외조가 되었건 모든 일에 있어서 가정을 구심점으로 삼지 않은 바깥 일은 그것이 의미를 지니지 못한다는 것입니다.

지금은 은퇴하신 세계적인 목회자 '빌리 그레엄' 목사님에게 기자가 질문하길 "평생을 사시면서 가장 후회되는 것이 있다면 무엇입니까?"라는 기자의 질문에 목사님은 "가정에 충실해야 할 시간에 쓸데없는 행사에 쫓겨 다닌 일이 가장 후회된다!"고 하셨다고 합니다.

가정의 중요성을 잘 알고 있는 유럽과 미국에서는 행정부 각료로 능력 있는 남편들이 새로 태어난 아이를 돌보기 위해 그리고 아내와의 행복한 시간을 위해 고위직에서 물러나는 사례를 종종 보게 됩니다. 무엇이 진정 중요한 것 인지를 아는 사람의 결정이라고 할 수 있을 것입니다.

5. '존경'을 원해요!

 남편들이 모인 곳에서 하는 말 중에 자신의 아내가 아기 같다는 이야기를 종종 들을 수 있습니다. 그런데 또 아내들이 모인 곳에서 하는 말을 들어보면 "우리 집에 커다란 큰 아들 하나 키워요!"라는 말을 흔치않게 들을 수 있습니다. 그래서 내린 결론은 집에 아이들만 있다는 것입니다.(?)
 사람들의 마음속에는 누구나 아이 같은 마음이 있어서 어릴 적 어머니에게 투정을 부리듯이 어른이 되어서도 응석을 부릴 대상을 찾게 된다고 합니다. 남편과 아내가 서로 바꿔가면서 아이의 역할을 하게 되는 것입니다. 부부간에 서로 아이 같은 마음이 되는 것을 잘 활용할 필요가 있습니다. 특히 남편들은 밖에서는 근엄하고 위엄 있는 사회인이지만 집에서는 모든 긴장이 이완되어 천진한 아이같이 되는 경우가 있습니다.

 그래서 응석을 받아줘야 할 아내가 이를 무시하거나 비웃을 때는 큰 상처를 받게 됩니다. 반대로 아내가 자신을 칭찬하거나 존경해줄 때 남편은 밖에서 받은 칭찬과 존경보다도 더욱 큰 기쁨과 만족감을 얻게 됩니다. 성인인 남편을 아이와 같이 칭찬한다는 것이 어색하고 난감한 일이라고 생각하면 이는 큰 오산입니다. 쉽지 않겠지만 아내는 끊임없이 남편을 칭찬해

주어야합니다. **남편은 밥만 아내가 해준 것으로 먹는 것이 아니라 말도 아내가 지어준대로 먹기 때문입니다.** 남편이 가지고 있는 작은 장점이라도 그것을 살려서 남편을 칭찬한다면 남편은 그 칭찬을 먹고 그 칭찬대로 될 것이기 때문입니다.

그런데 우리주위에는 말 한마디를 해도 꼭 남편 마음에 상처를 주고 비아냥거리는 어리석은 아내들을 쉽지 않게 보게 됩니다. 그러나 진정으로 지혜로운 아내라면 말 한마디로 천냥 빚을 갚는 지혜로 남편의 기를 살리고 집안의 분위기를 밝게 해야 할 것입니다.

"당신 같은 남편은 세상에 없어요!", " 당신을 진심으로 존경합니다!"라는 말을 듣고 출근하는 남편이 있다면 그는 마치 폭포수에서 쏟아지는 것과도 같은 엄청난 양의 에너지를 충전받고 직장으로 향하는 발걸음이 될 것입니다.

우리의 아내들은 이러한 남편의 에너지가 보약으로도 결코 얻어낼 수 없다는 사실을 명심해야 할 것입니다.

6. '격려'와 '인정'을 원해요~

칭찬이 잘한 일로 인해서 박수를 받는 일이라면 '격려'는 실수하고 실패한 일로 인하여서 다시금 힘을 얻을 수 있도록 일으켜 세우는 말을 뜻합니다. 칭찬은 잘 하더라도 격려를 잘 못하는 사람이 되어서는 안되겠습니다. 우리의 인생에서 어떻게 보면 칭찬보다도 더욱 필요한 것은 격려이기 때문입니다.

우리는 사실 누구나가 실수가 많고 넘어짐이 많습니다. 그 때에 필요한 것은 바로 격려입니다. 남편이 한 일이 좀 안 된 것으로 인하여서 "내가 그럴 줄 알았다..!"거나 "제대로 하는 일이 도대체 뭐가 있어!"라는 말은 남편을 절망시키는 말입니다. 남편을 인생의 '크로키 상태'로(?) 몰아넣는 것은 지금 겪고 있는 어려운 현실이 아니라 남편을 무시하는 투로 던진 아내의 말 한마디라는 것을 모든 아내들은 기억해야 합니다.

이와 같이 남편을 무시하며 남편알기를 자신의 발가락처럼 아는 아내가 있다면 이는 어리석은 아내이입니다. 남편이 발가락이라면 자신은 아무리 잘 나도 그 발가락 근처 동네를(?) 벗어날 수 없다는 것을 잊어서는 안 될 것입니다.

아내들이 남편에게 보호받기를 원하고 부드러운 돌봄을 원하는 것처럼 남편들은 자신을 끝까지 믿어주고 인정해주는 아내를 원하는 것입니다. 자신을 격려하는 아내의 말을 통해 없던 능력도 플러스알파가 되어 나오는 것입니다. 남편들은 참으로 깊은 아내의 신뢰와 존경을 원하고 있다는 사실을 아내들은 기억해야 할 것입니다.

"세상이 인재를 몰라보네 ..", "조금만 기다려봐 당신의 능력을 이제 곧 알아 볼 거야.."라는 말은 남편에게는 더없이 좋은 최고의 선물이 될 것입니다. 다시 말씀드리지만 **남편은 아내가 해준 밥만 먹고사는 존재가 아니라 아내가 지어준 말을 먹고 살아가는 사람들이라는 것을 꼭 기억하시기 바랍니다.**

7. '순종'을 원해요!

아내가 남편의 사랑을 먹어야 한다면 남편은 아내의 순종을 먹어야 합니다. 사람이 꼭 먹어야 하는 필수 영양분을 먹지 못하면 어느 순간 몸은 무너지는 것입니다. 가정을 이끌기 위해 필요한 남편의 영양소는 바로 아내의 순종입니다.

하나님은 질서의 하나님이십니다. 고전14:33을 보면 "하나님은 무질서의 하나님이 아니시오 화평의 하나님이시라!"고 하셨습니다. 모든 일에는 질서가 있고 위로부터 난 권위가 있습니다. 하나님이 기뻐하시는 일은 우리가 하나님이 정하신 질서에 따라 자신의 자리를 지키고 있을 때 입니다. 이것이 무너지면 어느 조직이건 공동체건 바로설 수 없는 것입니다.

유다서 1장 6절을 보면 사탄이 타락할 때의 모습이 기록되

없는데 그곳을 보면 이렇게 되어 있습니다. "자기 지위를 지키지 않고 자기 처소를 떠난 천사들을 영원한 결박으로 흑암에 가두셨다!" 사탄이 타락한 것이 한마디로 자기 자리를 떠나고 자기 처소와 지위를 지키지 않을 때라는 말씀입니다. 그리고 이어서 그들은 권위를 업신여기고 영광을 비방했다 했습니다.

남편 앞에서의 아내로서의 자리는 순종의 자리입니다. 아내가 남편에게 순종하기 싫어서 나가버리면 그것이 타락하는 것이고 수틀린다고 자기 지위를 지키지 않는 것이 바로 나중에 흑암에 갇힐 일이 될 수도 있다는 것입니다.

남편을 우습게 여기고 대드는 아내라면 안타깝게도 그 가정의 아이들도 어머니께 대들고 불순종한다는 사실입니다. 교육은 다른 것이 아니라 행실로서 보이는 것입니다.

하나님께서 아내에게 주신 자리는 순종의 자리입니다. 순종의 자리는 복된 자리이고 내가 주님께 순복한다는 의미가 또한 그 안에 담겨있는 행위입니다. 그래서 베드로전서 1장 3절을 보면 아브라함의 아내 사라는 자신의 남편을 주라 칭하며 자신의 아름다움을 단장했다고 했습니다. **여자의 모습이 아내라면 아내의 아름다움은 자신의 몸단장 하는 데 있는 것이 아니라 곧 남편을 향한 순종에 있다는 사실입니다.**

성경이 시대착오적인 책이라고 믿는 사람이라면 성경은 시대에 따라 진리가 되기도 하고 그렇지 않기도 하는 책이 될 것입니다. 그러나 성경이 영원불변의 절대적인 진리를 담고 있는 하나님의 말씀이라는 것을 믿는다면 이것을 받아들여야 할 것입니다.

어찌 보면 아내들에게는 지금 이 글을 읽고 있는 것조차 힘든 일이 되겠지만 아내들은 자신의 남편이 자기만 못하다고 하는 교만에서 빨리 깨어나야 합니다. 왜냐하면 나는 지금 내 옆에 있는 남편 만큼이기 때문입니다. 무슨 일이 되어 지는데 있어서 꼭 머리 좋고 똑똑해야 되는 것만이 아닙니다. 화합과 질서가 먼저라는 사실입니다. 남편을 세우는 것으로 자신의 영광을 삼을 줄 아는 지혜로운 아내가 되어야 하겠습니다.

무엇보다도 뜨겁게 서로 사랑할지니
사랑은 허다한 죄를 덮느니라
서로 대접하기를 원망 없이 하고
각각 은사를 받은 대로
하나님의 여러 가지 은혜를 맡은
선한 청지기 같이 서로 봉사하라

베드로전서 4:8~10

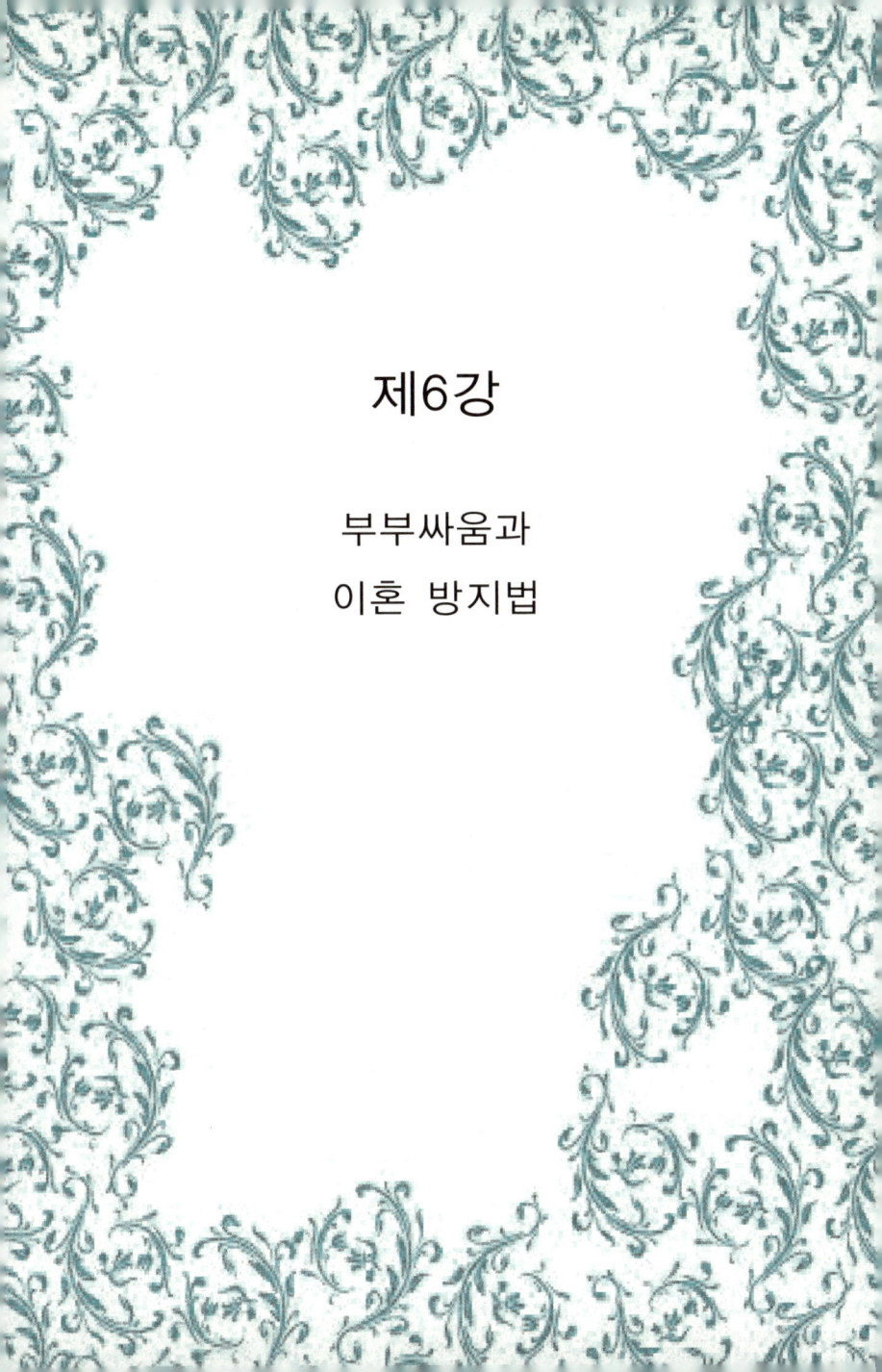

제6강

부부싸움과
이혼 방지법

들어가기

  부부싸움을 하지 않는 비결은 하나밖에 없습니다. 그것은 결혼하지 않는 것입니다. 결혼한 이상 부부싸움은 반드시 동반된다고 할 수 있습니다.

가끔 우리부부는 한 번도 싸워본 일이 없다는 말을 듣는 일이 있는데 정말로 부부싸움이 없다면 어느 한쪽이 일방적으로 억압당하고 있는 경우이거나 부부가 서로 간에 아무런 애증도 없는 경우라고 해야 할 것입니다.

대부분의 정상적인 부부들은 작거나 크거나 부부싸움을 하고 살아갑니다. 그래서 이번 장에서 다루고자하는 문제는 '어떻게 하면 부부싸움 없이 살아갈 수 있나?'를 다루는 것이 아니라 '어떻게 하면 부부싸움을 잘 할 수 있나?'를 다루고자 합니다. 왜냐하면 **부부싸움이 없는 가정이 건강한 가정이 아니라 부부싸움을 잘하는 가정이 건강한 가정이기 때문입니다.** 이에 가정사역자 송길원 목사님이 소개한 부부싸움 십계명을 소개할까 합니다.

1. 부부싸움을 위한 10가지 계명

1) 둘 다 패자가되는 소모전에 치우치지 말라 !

 부부간 싸움의 승패는 아무런 의미가 없습니다. 신혼 때에 먼저 승기를 잡아야만 평생이 편하다고 생각하는 신혼부부들이 있는데 이는 상대적인 것임으로 필요이상의 소모전에 치우칠 양상이 매우 큽니다. 그리고 실제로 상대를 이겨봐야 자신에게 이득이 되는 것이 없다는 것을 금방 깨닫게 됩니다.

 부부간에 있어서 승자와 패자를 자꾸 나누게 되다 보면 결국 인생에 있어선 둘 다 패자가 된다고 하는 사실을 잊어서는 안 될 것입니다. 싸움을 하더라도 서로가 관심이 있고 애착이 있기에 하는 것입니다. 즉 서로가 사랑하고 있다는 의식이 밑바탕에 자리하고 있어야 한다는 사실입니다.

 단순히 저 사람을 꺾어서 내 발아래 꿇어앉힌다고 하는 발상은 크게 잘못된 것입니다. 상대를 이겨서 승리자로 군림하겠다는 자세가 아니라 상대를 사랑하는 자로 인식시키기 위해 노력할 때 부부싸움은 남편과 아내 서로를 위해서 발전적인 일이 될 수 있을 것입니다.

2) 동시상영은 금물!

이 말은 다른 사안을 가지고 같은 시간에 다루지 말라고 하는 말이기도 합니다. 한 가지 주제의 부부싸움으로 일회만 하라는 것입니다. "기왕 말이 나온 김에.."라며 전에 품었던 것들이 나오게 되면 다른 주제의 서운했던 모든 감정들이 쏟아지면서 싸움은 엉뚱한 곳으로 가게 됩니다. 아무리 쌓인 감정이 많이 있다고 하더라도 싸움의 주제는 항상 한 가지여야만 한다는 것입니다.

물론 싸움이 진행 될 때에 울컥하는 감정을 쉽게 다루는 것은 힘든 일입니다. 그러나 감정이 격해지고 흥분이 될수록 다른 주제와 겹쳐지지 않게 자신의 감정을 잘 컨트롤하는 사람은 지혜로운 사람임에 틀림없습니다.

3) 분노의 공소시효는 24시간임을 기억하라!

24시간 내에 모든 것을 다루고 공소시효를 지켜야한다는 것입니다. 부부싸움에서 지구전은 서로에게 소모전일 뿐입니다. 성경은 "분을 내어도 죄를 짓지 말며 해가지도록 분을 품지 말라(엡4:26)"고 말씀하셨습니다. 사람이 살다가 분노를 발하는 것 그 자체가 무조건 죄가 되는 것은 아니라는 말씀입니다.

죄가 되는 분노는 가슴에 계속해서 분을 품고 있을 때에 그것이 바로 죄가 된다는 것입니다. 성경이 말씀하는 시간적 시효는 해 질 때 까지 즉 24시간입니다.

4) 싸우되 4각의 링 안에서 싸우라!

싸움이 벌어져야하는 장소는 4각의 링인 방이 되어야 합니다. 싸움의 무대를 현관 밖으로 가져가거나 친정이나 본가로까지 옮겨가서는 안 된다는 것입니다. 그리고 또한 중요한 부분은 한쪽에서는 열심히 말하고 있는데 멀찌 감치서 딴 짓을 한다거나 딴청을 피우는 일도 있어서는 안 될 것입니다. 반드시 얼굴을 마주보고 열심히 말하고 열심히 들어야합니다.

자기 말만 해버리고 귀찮다고 상대의 말을 듣지않으려는 사람은 그것이 쌓여서 얼마나 큰 위기로 자신에게로 돌아올지 모르는 사람들의 행위라고 할 수 있을 것입니다.

5) 흐지부지 끝내지 말 것!

임시휴전은 있을 수 없다는 말씀입니다. 할 말을 서로가 다 하되 반드시 결말을 맺어야한다는 것입니다. 미봉책으로 남게 되면 바람만 불면 언제든지 살아나는 불씨처럼 여기저기서 다시 일어나게 됩니다. 서로가 서로에게 바라는 조치를 분명하게 이야기하고 구체적으로 문자화한다면 더욱 좋은 효과를 거둘 수 있을 것입니다. 매번 싸움을 할 때마다 결말도 없이 흐지부지 끝내게 된다면 둘 사이는 발전적인 관계로 나아가기 더욱 어렵게 될 것입니다.

6) 부부싸움은 싱글매치이지 태그매치가 아니다!

제삼자를 개입시키거나 동맹관계를 맺지 말라는 말씀입니다. 싸움을 제삼자의 탓으로 돌리거나 다른 사람을 끌어들이면 싸움은 확대 될 것입니다. 부부싸움은 철저히 둘만의 싱글매치인 것입니다. 싸움은 철저히 둘만의 싸움이어야합니다. 물론 관중도 필요 없고 있어서도 안 됩니다.

부부싸움이 태그매치로(?) 되어서 다른 사람이 등장하게 되면 양상이 이상하게 돌아가게 됩니다. 서로자기의 편을 많이 확보하기위해 혈안이 될수록 그 싸움은 부부싸움이 아니라 집안싸움이 된다는 것입니다.

주로 마마보이거나 마마걸인 경우에 이런 현상을 보일 수 있습니다. 부부싸움은 철저히 부부만의 소유가 되어야 하지 그렇지 않고 다른 사람이 개입하기 시작하면 대수롭잖은 문제로 시작된 싸움이더라도 나중에는 돌이키기 어려운 상황으로까지 악화될 수 있다는 사실을 명심해야 할 것입니다.

7) 인격모독을 하지 말 것!

인격적인 부분을 공격하기위한 행위는 그 어떤 경우에도 용납될 수 없습니다. 부부싸움은 싸움의 주제와
내용을 가지고 하는 것이지 사람자체를 가지고하는 것이 아니기 때문입니다. 그런데 꼭 자신이 싸움에서 밀린다 싶으면 상대의 인격이나 근본적인 부분을 가지고 들추어내어서 문제를 더욱 커지게 하는 경우가 있습니다.

이를테면 "당신은 근본이 왜 그래!"라든지 "집안 내림이라니까!"라는 내용의 말들은 결코 씻을 수없는 상처로 상대의 마음에 남게 된다고 하는 사실입니다.

우리는 부부싸움을 할 때 상대가 저지른 문제 그 자체를 직시하려고 해야지 상대의 근원적인 부분을 가지고 몰아가려고 해서는 안 된다는 것입니다. 그래서 부부싸움도 지식과 기술을 알고 해야지 무조건 다 쏟아 놓고 보면 나중에 돌이킬 수

가 없다는 것입니다.

8) 싸워서는 안 되는 경우도 있습니다.

먼저는 자녀들 앞에서는 절대로 싸워서는 안 될 것입니다. 부부싸움은 자녀교육을 모두 수포로 돌리는 결과를 가져옵니다. 부모는 더 이상 자녀들 앞에서 권위자일 수 없게 됩니다. 자녀는 부모의 말을 따르는 것이 아니라 부모의 행동을 따르기 때문입니다.

교육학자들은 한결같이 말하길 잦은 부부싸움은 자녀들로 인하여서 극도의 심리적 불안감에 싸이게 하며 정서적으로 위축되고 두려워하게하며 커서도 씻을 수없는 깊은 상처를 남기는 일이 된다고 했습니다. **자녀들에게 열 번 정서적인 부분을 챙기는 것 보다 자녀들 앞에서 한번 부부싸움 안 하는 것이 훨씬 정서적으로 유익하다는 것입니다.**

자녀들 앞에서 부모가 철저히 가려야 하는 부분이 두 가지 가있다면 그것은 부부관계이고 또 하나는 부부싸움이 될 것입니다. 앞에 것은 되는데 뒤엣것이 안 되는 가정이 의외로 많이 있는 것은 안타까운 우리부부들의 모습 일 것입니다.

자녀들 앞에 험한 모습을 보이는 것으로 자녀들의 마음을 노엽게 하는 것은 하나님보시기에 결코 온당치 못한 일인 것을 또한 잊지 말아야 할 것입니다.

9) 싸움자체를 두려워하지 말 것!

모든 부부갈등에서 찾아오는 위기는 "위험속의 기회"라고도 할 수 있습니다. 부부생활을 하면서 위기와 갈등이 없기를 바랄 수는 없습니다. 참으로 건강한 가정이라면 갈등을 통해서 성장하게 되어 있습니다. 서로의 마음을 진심으로 들여다보는 기회도 사실은 부부가 서로 부딪치며 아옹다옹할 때 입니다. 티격태격하면서도 정이 붙는다는 말입니다.

어떤 부부들은 자신들은 절대로 부부싸움을 하지 않는다고 말하면서 마치 부부싸움 하는 사람들은 유치하고 교양도 없는 사람들로 매도하는 경우가 있는데 그러한 말을 하는 부부들의 삶을 면밀히 살펴보면 서로간의 삶을 공유하지 않고 완전히 서로가 노터치인 삶을 살아가는 사람들인 것을 발견하게 됩니다.

부부라고하기에는 거리가 있는 부부 아닌 부부의 모습을 하고 있는 경우가 있다는 것입니다. 공유하고 있는 것이 없으니 부딪칠 거리도 없다고 보아야 할 것입니다.

부부가 서로에 대한 불만을 참고만 있는 것만이 능사는 아닙니다. 그것은 부부라고 할 수 없고 그 사이에는 아무런 발전도 이룰 수가 없습니다. 지혜로운 부부라면 부부싸움을 통하여 서로의 멀어짐으로가 아닌 서로의 가까이 감을 이루는 방향으로 모색해 나아갈 것입니다.

10) 설득시키기보다는 공감시키기?

먼저 부부싸움 하기 전에는 하나님께서 공정한 심판자가 되어주시기를 바라는 마음이 있어야할 것입니다. 심판이 없으면 싸움은 무법천지가 될 수 있습니다. 그저 목소리 크고 힘 센 사람이 이기는 것 입니다.

기억해야 할 것은 가정의 부부싸움 중에도 여전히 가정의 최고 어른은 하나님이시라는 사실입니다. 이것을 먼저 확실하게 상기한 후에 그때 열심히 싸워야합니다. 한 가지 덧붙이자면 **자신의 입장을 주장하기 보다는 내 기분을 느끼게 해 주는 방향으로 말을 전개시켜야 효과적인 부부싸움이 될 것이라는 말씀입니다.** 보통의 부부들은 모두가 한 결 같이 상대방이 잘못한 것을 지적하고 그것을 상대방이 인정하기를 설득시키기 위해서 기를 쓰는 것이 사실입니다. 그러나 부부싸움은 한쪽이 한쪽을 설득한다고 해서 내가 말하는 논리에 따라 설득당하는 경우는 거의 없다고 해야 할 것입니다.

"당신의 말 듣고 보니 내가 정말 너무했네.."라고 나오는 경우는 애지간한 인격자가 아니고서는 부부간에 입에서는 나오기 어려운 말이 됩니다.

어떠한 일로 내가 기분이 많이 상했고 그로인해 이렇게 많이 화가 난다고하는 부분에서 상대를 공감시키는 방향이 되어야 한다는 것입니다. 상대방의 잘못을 지적하고 그것을 바로 고치기 위해 논리적으로 설득시키고 가르치려들기 보다는 자신의 기분과 느낌을 공감해주기를 바라는 말로서 부부싸움이 전개된다면 아주 부부싸움을 잘 하고 있는(?) 경우라고 하겠습니다.

2. 이혼 방지법

영국의 한 여성지가 대학의 연구팀과 공동으로 연구한 최근호에 따르면 부부간에는 이혼을 알리는 징후들이 있다고 했습니다. 20년 동안 2천 쌍이 넘는 부부들을 조사했더니 파경을 예고하는 부부들의 공통적인 초기증상이 있더라는 것입니다.

그중에서 동서양을 막론하고 통용되는 가장 중요한 공통점을 알게 된다면 이러한 이혼증후군을 극복 할 수 있는 처방전 또한 얻게 되리라고 생각됩니다.

1) 극단적이고 흑백논리적인 언어를 사용하지 말라!

부부간에 언쟁이 생길 때 "당신은 결코...", "당신은 늘..", "당신이 한번이라도.." 등등.. 항상, 언제나, 결코, 절대로 등의 말들을 많이 쓰더라는 것입니다. 이를테면 같은 말이라도 "어떻게 당신은 늦을 때 한 번도 전화해주지 않는 거죠?"라고 쏘아붙이기 보다는 "늦을 때 당신이 전화해주면 얼마나 마음이 안심이 되는지 몰라요!"라고 말하며 자신의 마음을 전달하는 것이 훨씬 바람직한 표현이 될 것입니다.

2) 과거집착형의 말을 많이 하지 말라!

과거와 비교하며 언제나 현재를 부정적으로 말하기시작하면 그 부부는 위기에 처해있다고 보아야 할 것입니다. "그때가 좋았지..", "그래도 그때는.."이라고 하면서 과거회상에 자꾸 빠져든다면 그것은 현재를 부정하는 것임으로 배우자에게 깊은 절망감을 안기게 됩니다. 이렇게 과거에 강한 집착을 보이고 사는 사람들은 행복한 삶을 이어가기가 힘들다고 볼 수 있습니다.

막상 그때로 돌아가 보면 역시 그때에도 그 전 시간을 그리워하며 살고 있는 것을 흔치않게 볼 수 있습니다. 다시 말해

언제나 현재는 만족하지 못하고 과거에만 집착하여있는 왜곡된 형태의 사고를 하고 있음을 금방 알게 됩니다. 이와 같은 시간 속에 사는 사람은 단 한순간도 행복한 삶을 살수없다고 해야 할 것입니다.

그러나 과거의 언어보다 미래의 언어는 상대에게 힘을 주며 소망을 줄 것입니다. "그때가 되면 지금보다 훨씬..", 이라든지 "그때쯤이면 나도 더 성숙해 지겠지요.."라고 말한다면 배우자는 아무리 고달픈 현실 속에서 살아간다고 할지라도 그것을 믿고 일어날 힘을 얻게 될 것입니다.

3) 비교의식은 사탄이 파놓은 함정임을 잊지 말라!

어찌 보면 이 비교의식은 부부관계뿐만 아니라 모든 인간관계에서 문제를 일으키는 우리 모두의 병든 생각이라고 볼 수 있을 것입니다. '비극'이 바로 이 '비교'에서 시작되는 것을 알게 됩니다. 하나님은 이 세상 모든 사람들을 다른 모습으로 지으셨습니다.

동그라미 안에다 눈, 코. 입의 조화를 이루는 것인데 60억이 다르게 나온다는 것은(?) 이것이 하나님의 솜씨가 아니고서는 불가능하다는 것을 깨닫게 됩니다. 외모가 다양한 것처럼 각자의 취향과 재능도 비슷할 수는 있겠지만 똑같은 사람은 아무대도 없다는 것입니다.

자신만이 생각해놓은 이상적인 배우자상을 그려놓고는 상대가 그 틀에 맞아주기를 바란다든지 주위의 누구누구처럼 되어주길 바란다든지 하는 행위는 상대배우자로서는 자존심상하고 그대로 묵과할 수 없는 일임에 틀림없습니다.

"옆집아저씨는 돈만 잘 벌어오더라!"라든지 "내 친구 아내는 당신보다 요리를 훨씬 더 잘하더라!"라는 말이 6개월 이상 오가기시작하면 다음6개월 동안 결국 그 가정은 파국으로 치닫더라는 것입니다.

이 세상에 완벽한 이상형이란 어디에도 없습니다. 자신의 배우자보다 더 나아보였던 옆집의 아줌마나 아저씨는 내가 보지 못하는 또 다른 많은 면에서는 형편없는 모습일 수도 있다는 것입니다.

어리석은 환상에서 깨어나서 지금 내 앞에 있는 배우자가 하나님이 정해주신 나에게는 최상의 배우자임을 상기해야 할 것입니다.

아내들이여
자기 남편에게 복종하기를 주께 하듯 하라
이는 남편이 아내의 머리됨이
그리스도께서 교회의 머리됨과 같음이니
그가 바로 몸의 구주시니라

에베소서 5:22~23

제7강

사랑과 순종

(에베소서 5:22~33 강해)

에베소서 5장 22~33절

"아내들이여 자기 남편에게 복종하기를 주께 하듯 하라 이는 남편이 아내의 머리됨이 그리스도께서 교회의 머리됨과 같음이니 그가 친히 몸의 구주시니라 그러나 교회가 그리스도에게 하듯 아내들도 범사에 그 남편에게 복종할지니라. 남편들아 아내 사랑하기를 그리스도께서 교회를 사랑하시고 위하여 자신을 주심 같이 하라 이는 곧 물로 씻어 말씀으로 깨끗하게 하사 거룩하게 하시고 자기 앞에 영광스러운 교회로 세우사 티나 주름 잡힌 것이나 이런 것들이 없이 거룩하고 흠이 없게 하려 하심이니라 이와 같이 남편들도 자기 아내 사랑하기를 제 몸같이 할지니 자기 아내를 사랑하는 자는 자기를 사랑하는 것이라 누구든지 언제든지 제 육체를 미워하지 않고 오직 양육하여 보호하기를 그리스도께서 교회를 보양함과 같이 하나니 우리는 그 몸의 지체임이니라 이러므로 사람이 부모를 떠나 그 아내와 합하여 그 둘이 한 육체가 될지니 이 비밀이 크도다 내가 그리스도와 교회에 대하여 말하노라 그러나 너희도 각각 자기의 아내 사랑하기를 자기 같이 하고 아내도 그 남편을 경외하라!"

교회와 가정

하나님께서는 하나님의 백성들인 우리에게 인생을 살면서 기운을 얻고 힘을 보충 받는 곳으로서 두 곳을 허락하셨습니다. 하나는 가정이고 또 하나는 교회입니다. 자동차가 기름 떨어지면 충전소로 가야하듯이 직장생활을 하시는 분들은 직장에서 기운을 쏟아 낸 후에는 가정에 돌아와서 기운을 충전 받아야 합니다.

우리아이들 역시 학교에서 공부하느라 힘을 다 소진했다면 가정으로 돌아와 힘을 다시 채우는 시간을 가져야 합니다. 영적으로도 마찬가지입니다. 세상이라고 하는 곳은 우리의 기운을 다 쏟고 소진하는 곳이라면 교회는 영적인 기운을 다시 충전 받는 곳입니다.

그렇게 되기 위해서는 정말 쉴 수 있는 우리의 가정이 되어야하며 정말 안식할 수 있는 교회가 되어야합니다. 또한 그렇게 되기 위해서는 우리의 가정과 교회의 기초가 건강하고 든든하게 서 있어야합니다. 두말 할 것도 없이 가정과 교회의 기초는 부부입니다.

하나님은 사람을 창조하셨다는 말보다는 부부를 창조하셨다는 말이 더 정확한 성경적 표현이 됩니다. 그래서 사람이 살아가는 모든 단위의 가장 기초가 되고, 뿌리가 되고, 기본이 되는 자리가 바로 부부의 자리라고 할 수 있을 것입니다. 지난 5월21일이 2(둘)이 1(하나)가 되자고 해서 부부의 날이었는데 오늘은 남편과 아내, 아내와 남편으로 사람을 창조하신 하나님의 창조원리를 말씀드리도록 하겠습니다.

창조의 원리

참으로 신비로운 부분은 남편과 아내의 관계가 영적으로 말하면 예수님과 성도와의 관계와 같다는 것입니다. 이 세상의 시작이 남편인 아담과 아내인 하와로 시작되었듯이 이 세상의 마지막도 신랑인 예수님과 신부인 성도의 결혼식으로 마쳐진다는 것이 성경이 말하는 바입니다.

요한계시록에 보면 이 세상의 마지막 날에 있을 '피날레 세레모니'로서 예수님과 성도의 성대한 결혼식이 있을 것을 말씀하고 있습니다. 이는 어린양의 혼인잔치로 비유하여 말씀하고 있으며 결혼 후에는 신랑신부가 새 예루살렘 성(천국)으로 들어가 영원히 함께 사는 것으로 끝을 맺고 있습니다.

오늘 사도바울이 말씀을 마치는 33절에서 말씀하기를 "이 비밀이 크도다 내가 그리스도와 교회에 대하여 말하노라!"한 것은 바로 이와 같은 맥락과 의미에서 하신 말씀이라는 사실입니다.

기초를 든든히 세우기

건물이 바로서려면 기초석이 든든해야 하는 것처럼 사람이 살아가는 곳이 바로 서있으려면 그곳이 어떤 공동체이건 간에 가정이든 직장이든 국가이든 이 모든 공동체를 이루는 가장 작은 기초단위인 부부가 바로 서 있어야 합니다. 이것을 사단 마귀가 모를 리 없고 놓칠 리도 없습니다. 마귀는 우리의 기초를 흔들려합니다.

마귀는 한 곳만 치면 다 쓰러지고 마는 타점을 알고 있습니다. 여기만 흔들면 나머지는 딱히 힘들이지 않아도 자연히 알아서 넘어지는 곳을 알고 있습니다. 그곳이 바로 부부간이었습니다. 부부간만 틀어놓으면 남편과 아내는 자기들이 알아서(?) 죄의 유혹이 가득한 세상으로 향할 것이며, 자녀들 또한 마음을 잡지 못하고 밖으로만 돌 것이며, 결국 가정이 무너짐으로 그것은 또한 사회문제가 될 것이며, 국가의 문제가 되는 것을 사탄은 알고 있습니다. 그러므로 사탄은 부부간을 집중공략하기위해 갖은 계략과 수단을 다 동원한다고 봐야 할 것입니다.

마귀가 우리의 기초를 흔들려한다면 하나님은 부부간을 통해 온전한 하나 됨을 이루시고 그곳으로 천국을 맛보게 하시는 것입니다.

우리가 보기에는 아무리 이렇게 저렇게 해서 만났고 어디가 믿지 내 안 믿지 내 하는 말들을 하지만 부부는 정말 하나님이 짝지어 주신 것이 틀림없습니다. 성향은 좀 다르더라도 그 수준은 똑같다는 것입니다. 그래서 아내는 남편 만큼이고 남편 또한 아내 만큼입니다.

아내들은 자기가 아이큐가 좀 높다고 남편을 무시하면 안 됩니다. 남편도 자기가 좀 잘나간다고 아내를 무시하거나 구박하면 안 됩니다.

하나 됨의 원리

하나님께서 부부를 하나 되게 하신 창조의 원리가 있습니다. 오늘 본문을 계속해서 읽으면 두 개의 단어가 축약되어 나오고 있습니다. 그것은 '사랑'과 '순종'입니다. 남편은 그 아내를 사랑하고 아내는 그 남편에게 순종하라는 말씀입니다. 사랑과 순종은 두 개의 톱니바퀴가 서로 맞물리는 수나사와 암나사와도 같습니다. 톱니바퀴가 서로 맞물려 돌아가듯이 '사랑'과 '순종'으로 결속된 부부사이는 그 안에서 천국이 경험되는 것입니다.

천국의 경험은 다른 경험이 아니라 신부인 우리성도들이 신랑 되신 우리예수님과 천국에서 함께 사는 경험을 말하는 것입니다. 그럼으로 예수님의 성도사랑은 남편으로서의 아내사랑과 같다고 해야 할 것입니다. 아내가 되어 남편의 사랑을 지금 충만히 받고 있다면 그것을 통해서 "아! 예수님의 성도사랑이 이와 같겠구나.."하고 느끼면 그것이 바른 이해가 될 것입니다. 그리고 역시 남편들도 매사에 순종적인 아내를 보고는 "아! 성도가 예수님을 섬길 때 이와 같이 섬겨야하겠구나.."하고 생각하면 그것이 맞는 것이 됩니다.

남편과 아내인 우리부부가 이와 같은 '지극한 사랑'과 '헌신적 순종'을 경험해 본 일이 없다면 그 안에 사탄이 들어와 있어서 그렇습니다. 사탄마귀가 제일 먼저 들어가서 역사한곳이 바로 아담과하와 사이였습니다. 그래서 마귀의 계략으로 선악과 따 먹고는 서로 '네 탓' 공방을 계속하고 있더라는 것입니다. "살 중에 살이요 뼈 중의 뼈!"라고 할 때는 언제고 "하나님이 내게 주신 바로 저 여자가 날 꾀었다!"고 하면서 비열하게 책임 회피하고 있고 여자 또한 "뱀이 먼저 꾀었다!"고 하면서 서로 자기는 책임 없다고 변명과 핑계를 늘어놓게 되었고 그것이 단초가 되어 서로가 남남처럼 돌아서게 되었다는 것입니다.

태초에 있었던 이와 같은 버전은 지금도 동일하게 우리주위에서 흔히 일어나고 있다는 것이 커다란 안타까움이라 하겠습니다. 남편들은 조금만 어려우면 아내 탓을 하고 아내들도 남편 잘 못 만났다고 하소연을 합니다.

아내들에게 주시는 말씀

22~24을 보시겠습니다. 아내들에게 먼저 주시는 말씀입니다. 여기서 한 결 같이 말씀하시는 내용은 아내들은 남편알기를 주님 알듯이 해야 한다는 것입니다. 오늘 본문에서는 '머리'라는 표현을 써서 말씀하고 있습니다. 머리는 '대표'의 의미와 함께 '컨트롤 타워'라는 의미가 있습니다. 즉 남편은 아내의 대표가 되고 아내의 결정권은 그 남편에게 있다는 말씀입니다. 일단 아내 분들은 기분이 좋든지 나쁘든지 하나님말씀은 있는 그대로 받아야 할 것입니다.

하나님을 믿겠다고 하면서 말씀을 받고 싶은 것만 받고 받기 싫은 것은 안 받아서는 안 될 일이니까요 .. 여기까지 오면 지금쯤 많은 아내들의 입이 한 주먹씩(?) 나와 있겠지만 그래도 어쩔 수 없습니다.

가끔 어떤 집을 보면 그 집의 아내가 모든 일의 대표가 되고 남편은 뒷짐만지고 아내의 뒤를 따르는 경우가 있는데 그 가정이 성경적인 부부간을 이루고 있다고 볼 수는 없습니다. 모든 경제권, 대표권, 결정권 등등의 모든 권한을 그 아내가 쥐락펴락 하고서는 남편은 늘 풀이 죽어있는 경우가 있는데 죄송합니다만 은 그 집이 그렇게 좋아보이지는 않습니다.

왜냐하면 창조의 원리를 벗어나있기 때문입니다. 창조의 원리를 벗어나서 살면 거기 세상없는 좋은 것이 있어보여도 그것은 다 가짭니다. **지음 받은 자가 지으신 이의 의도와 뜻대로 사는 것이 곧 창조의 원리를 따라 사는 일입니다.** 그런 의미에서 대표적으로 창조의 원리를 벗어난 경우는 동성결혼이라고 할 수 있습니다. 이것은 대놓고 하나님의 창조원리를 부인하며 하나님과 맞서겠다는 악한 의도에서 사탄이 왜곡시킨 부분이라고 할 것입니다.

그러므로 참으로 성경적인 지혜로운 여인은 혹 자기가 서게 되는 일이 있다고 하더라도 어떻게든 자기를 통해 남편을 세워주는 아내가 지혜로운 아내라고 하는 사실입니다. 비록 남편은 얼굴마담에 불과하다하더라도 **남편을 앞세우고, 남편을 대표로 삼고, 남편을 높이는 것이 바로 자신이 높아지는 것을 아는 여인이라고 할 수 있을 것입니다.** 남편을 왕 만들지 않고 어찌 자기가 왕비가 되는 일이 있겠냐는 것입니다. 남편의 것으로 자신의 것을 삼을 줄 아는 아내가 성경적인 아내의 모습이라는 것입니다.

이것은 교회의 일을 보는 데에도 마찬가지여서 어떤 교회는 권사님이 당회에 들어가고 싶은데 왜 권사는 당회에 들어가지 못하게 해놨냐(?)고 따지는 권사님이 있다고 하는데 교회의 모든 일을 장로님들이 당회를 통해서 일을 보지만 결국 이부자리당회라고(?) 부인인 권사님을 통해 이미 다 재가 받고 조정된 일이라는 것입니다.

남편들은 겉으로는 아내 말을 잘 안 듣는 것 같아도 결국에는 아내가 하라는 대로 하게 되어있다는 것입니다. 그러니 아담이 선악과를 아내 말 듣고 먹은 것이 아니겠습니까? **지혜로운 여인은 남편의 마음을 사는 법을 알고 남편의 마음을 움직이는 것으로 결국 자신을 나타낼 줄 아는 여인이라고 하겠습니다.**

우리의 아내들이 남편에게 순종하라는 하나님의 명령을 머리로는 받았다고 해도 마음으로 여전히 불편할 수 있습니다. 그리고 이렇게 물을 수 있습니다. "말 같지 않은 말을 남편이 하는데도 그것에도 순종해야하나요?", "남편이 하는 일은 다 한심해 보여요!", "남편의 말을 들은 것치고 된 일이 없어요..", "우리남편은 머리가 나쁜 것 같아요.."

남편에게 순종하라고하는 하나님의 명령은 권위의 인정으로서의 순종을 말합니다. 내가 보기에 아무리 남편이 머리가 나보다 나쁘게 보이고 한심해 보인다고 해도 이것을 알아야합니다. 꼭 머리가 좋아야지만 세상에서 성공하게 되는 것은 아니라는 것입니다.

 물론 머리도 중요하겠지만 그보다 중요한 것은 화합이라고 하는 부분입니다. 부부간에 화합을 이루기위해서는 하나님께서 남편에게 부여하신 권위를 아내가 인정해야 한다는 것입니다. 남편의 권위는 꼭 똑똑해야만 가질 수 있는 것은 아닙니다. 아버지가 능력이 있어야 아버지로서의 권위를 갖는 것이 아니듯이 이것은 하나님이 아내들의 남편에게 부여하신 것입니다.

 아내들은 자신이 남편보다 잘 났다고 하는 교만을 버려야 합니다. "내가 어쩌다가 저런 남편을 만났을까? 결혼 잘못 했나보다!.." 하는 경우가 있는데 이는 하나님이 보시기에 악한 것입니다. 왜냐하면 나는 지금 내 앞에 있는 남편 만큼이기 때문입니다.

 아내들에게는 근본적으로 그 마음 안에 남편을 자기마음대로 좌지우지 하려고 하는 마음이 있습니다. 남편의 권위고 뭐고 그냥 다 자기 맘대로 해버리고 싶은 마음이 있습니다.
 그래서 창세기3:16을 보면 하나님께서 아내의 이와 같은 마음을 이미 간파하고 계심을 알 수 있습니다. "또 여자에게 이르시되 내가 네게 잉태하는 고통을 크게 더하리니 네가 수고

하고 자식을 낳을 것이며 **너는 남편을 사모하고** 남편은 너를 다스릴 것이니라 하시고..”에서 “너는 남편을 사모하고”의 말씀의 원어적의미를 보면 그와 같은 뜻이 정확히 드러나게 됩니다.

원어의 의미를 살린 새 번역을 보면 “**너는 남편을 지배 할려 하고..**”로 되어있고 원문을 의역한 공동번역을 보면 “**너는 남편을 마음대로 주무르고 싶겠지만..**”으로 되어있습니다.

남편을 내 마음대로 주무르고 싶을 때 그 마음을 누르고 남편의 말에 순종하는 마음을 하나님이 주셔야합니다. 왜냐하면 결국은 남편의 다스림을 받을 것이기 때문입니다. 사실 하나님은 여인은 순종할 때에 그가 가장 아름답고 보석같이 빛나는 모습이 되게 하셨습니다. 아내들은 화장을 하고 몸을 가꾸면 예뻐지는 줄 아는데 성경은 아내들이 가장 아름다울 때를 순종할 때라고 말씀하고 있습니다.

베드로전서3:5을 보면 이렇게 되어있습니다. “전에 하나님께 소망을 두었던 거룩한 부녀들도 이와 같이 자기 남편에게 순복함으로 **자기를 단장하였나니..**”

여기서 자기를 단장한다는 말씀이 곧 자신을 아름답게 꾸미는 것을 의미합니다. 사라는 자신의 남편인 아브라함에게 순종하는 것으로 자신의 미(美)와 아름다움을 나타내었다는 것입니다. 우스갯소리로 하는 말 중에 여인이 자신을 예쁘게 보이기 위해 처음에는 단장을 하다가 점점 화장이 되고 40대를 넘어가면서 분장을 하다가는 50이 넘으면 변장을 하고 60넘어서는 급기야 환장(?)을 한다는 소리가 있지만 여인이 참으로 아름다운 모습을 갖게 되는 때는 남편 앞에서 순종할 때라는 것입니다.

사라는 자신의 남편인 아브라함을 '주'라고 칭하며 자기남편에게 순복하기를 주께 하듯 했다고 했습니다. 주님을 대하듯이 남편을 위하는 것입니다. 그러면 남편 된 아브라함은 여기서 뭘 하나 배우는 것입니다. "지금 사라가 나를 받드는 것처럼 내가 하나님을 받들고 순종해야하겠구나!"를 배우는 것입니다.

순종하는 아내를 보았을 때 남편은 그 아내가 가장 사랑스러워 보이는 것입니다. **남편이 아내의 순종을 먹어야하는 것처럼 아내는 남편의 사랑을 먹어야합니다.** 어떤 아내들은 말하길 "사랑이 밥 먹여주냐! 떡이 나오냐! 돈이 나오냐!" 이런 소리하는 경우가 있는데 이는 안 될 말입니다. **아내는 남편의 사랑을 먹어야 여인이 되며 남편은 아내의 순종을 먹어야 남자가 되는 것입니다.** 여기서 부부는 온전한 하나 됨의 모습으로 결속되는 것이라고 하겠습니다.

남편들에게 주시는 말씀

25에서 30절까지는 남편들에게 주시는 말씀입니다. 모든 남편들은 언제나 아내를 위해 목숨을 내어놓을 각오를 하고 아내를 사랑하라고 말씀하십니다. 예수님이 당신의 신부인 성도들을 위해 십자가에서 못 박히신 것처럼 모든 남편들도 아내를 사랑함으로 십자가를 질 각오를 하고 아내를 사랑하라는 말씀입니다.

26절에서 "이는 곧 물로 씻어 말씀으로 깨끗케 하사..거룩하고 흠이 없게 하심이라!"는 말씀의 뜻은 남편이 아내를 진정으로 사랑할 때 정말로 목숨을 내놓을 각오를 하고서는 아내를 사랑할 때 또한 그 사랑을 아내가 받아들일 때에 아내가 정결하고 흠이 없어진다는 말씀입니다.

이 말씀은 마치 성도가 예수님의 십자가사랑을 받아 드릴 때 그의 죄가 정결해지는 것과 같은 원리인 것입니다.

아내가 부정하게 되고, 가정에 마음을 두지 못하고 밖으로만 돌고, 정을 그리워하고, 급기야는 바람이나는 것은 이것은 그 남편이 그 아내를 진정으로 사랑해주지 않았기 때문입니다. 남편의 사랑을 충만히 받고 있는 아내는 결코 곁길로 새거나 부정한길을 가지 않는다는 말씀입니다.

마찬가지로 예수님의 사랑을 충분히 받고 있는 성도라면 그는 언제나 바른길을 가는 것과 도 같다고 하겠습니다. 참으로 신비로운 말씀입니다. 예수님과 성도 그리고 남편과 아내와의 관계가 이와 같이 일치하는 부분을 보면 사도바울이 32절에서 "이 비밀이 크도다 내가 그리스도와 교회에 관해 말하노라!"하신 말씀의 뜻을 어느 정도 파악할 수 있습니다.

또한 주님은 우리의 남편들에게 "아내를 사랑하는 것이 곧 자기를 사랑하는 것"이라고 하는 말씀을 28절에서 주고계십니다. "아내를 사랑치 않는 자는 곧 자기를 사랑치 않는 자와 같다"는 말씀은 남편과 아내가 한 몸인 것을 증명하는 부분입니다. 머리를 그리스도로 섬기고 지체가 된 성도로서 예수님과 성도가 한 몸인 것과 같이 아내의 머리는 남편이고 아내는 남편의 몸으로서 한 몸이 될 것입니다.

그리고 29절의 말씀에서는 사람들은 누구나가 다 자기의 몸을 보호하며 운동도하고 보양식도 챙겨먹으면서 관리하는 것과 같이 그리스도께서 자신의 몸과 지체인 교회(성도)를 보양하신다는 말씀을 하고 계십니다. 예수님이 성도를 생각하기를 당신의 몸과 같이 여기시고 돌보신다는 뜻입니다.

예수님이 당신의 신부인 성도들을 보양하고 계시는 것을 믿어야 할 것 입니다. 보양식을 먹는 것보다 이와 같이 신랑 되신 예수님의 보양을 받는 것이 우리의 육신건강과 정신건강에 훨씬 유익한 줄을 믿습니다.

결론

사탄은 어떻게든 부부사이를 들어와서 그 사이를 갈라놓으려 할 것입니다. 마귀의 이름이 '디아볼로스(갈라놓는다)'라는 뜻에서 그 하는 일이 더욱 명백해집니다. 마치 예수님과 성도 사이를 갈라놓음으로 성도를 의심케 하며, 두려워하게 하고, 절망하게 하듯이 남편과 아내사이에 들어와서 남편에게는 아내사랑하지 않을 근거를 끊임없이 생각나게 할 것이고 아내에게는 남편에게 순종하지 못할 근거를 계속해서 나열하게 할 것입니다.

그러나 이와 같이 '사랑'과 '순종'의 톱니바퀴가 어긋나게 되면 결국 부부는 대리 만족을 위해 도덕적으로 죄를 짓고 그것이 결국 사회에 문제를 일으키며 이 세상은 걷잡을 수없이 어둠과 무질서와 죄 가운데 빠져들게 된다는 것입니다.

아담과 하와가 서로 '네 탓'공방하면서 '사랑'과 '순종'이 깨어질 때에 이어서 그 아들들인 가인과 아벨이 서로 죽고 죽이는 사이가 되었으며 땅에서도 '엉겅퀴'와 '가시덤불'이 올라왔다는 사실을 우리 모든 부부들은 기억해야 할 것입니다.

이러므로 남자가 부모를 떠나
그의 아내와 합하여
둘이 한 몸을 이룰지로다

창세기 2:24

제8강

수직윤리 수평윤리

유교의 수직윤리

한국사회의 기본적인 틀은 아직도 유교이념이 깊이 자리하고 있습니다. 부부간에도 예외는 아니어서 남편은 군림하고 아내는 복종하는 식의 상명하복의 수직적 가치관이 아직까지도 우리 내 어르신들 가운데에 지배적인 부부관 이라고 해야 할 것입니다. 심지어는 기독교인 중에서도 성경을 잘못 이해하는 사람들 중에는 유교와 다를 것 없는 부부 관을 가지고 있는 경우를 볼 수가 있습니다.

아내 알기를 솥뚜껑 운전사(?) 정도로 치부하는 경우라면 참다운 크리스찬이라고 할 수 없을 것입니다. 아내들이 젊어서는 눌려서 살지만 어느 날 남편에게 무시당하던 한이 폭발하는 날이 올 수도 있다는 것을 기억해야 할 것입니다.

갈수록 증가하고 있는 황혼이혼이 그것을 증명한다고 하겠습니다. 통계에 의하면 이혼비율에서 황혼이혼이 차지하는 비율이 갈수록 늘어나고 있다는 것입니다.

이것은 아내들이 많은 세월을 사는 동안 남편들로부터 눌리고 억압당하고만 살았기 때문입니다. 밉지만 자식들 때문에 참다가 자식들 다 출가시키고 난 후에 깨끗이 헤어지려 하는 경우입니다. 황혼이혼의 대부분은 아내의 소송제기로 이루어진다고 보면 틀림없습니다.

젊어서는 아내가 여러모로 약하니까 남편에게 꼼짝 못하고 살지만 나이가 들수록 아내는 남성호르몬이 많이 나오고 남편은 여성호르몬이 많아짐으로 여성화가 될 것입니다. 마치 그렇게 무섭던 아버지들이 할아버지가 되고서는 더 없이 연약해 보이는 것과도 비견 된다고 하겠습니다.

기독교와 유교의 가치관에서 상충되는 윤리가 있습니다. 이를테면 군자는 대로행이라고 하지만 기독교는 좁은 길로 가라고 합니다. 유교는 소인배를 멀리하지만 기독교는 소자에게 관심이 많습니다. 그렇다면 유교와 기독교에서 말하는 부부는 또한 어떻게 다른지 살피도록 하겠습니다.

하나님을 섬기는 것을 말씀대로 섬겨야하듯이 부부의 관계를 정립할 때 말씀대로 정립해야하기 때문입니다.

중국을 통일한 진시왕은 넓은 대륙을 효과적으로 다스리기 위하여 적절한 이념이 필요했습니다. 진시왕은 패도정치를 실시했지만 후대의 한나라에서는 왕도정치를 추구하는 공자의 유교이념을 받아드렸습니다. 사회적으로는 결속력을 강화하고 도덕적으로는 고등한 체계를 갖춘 공자의 유교는 당시의 통치자들이 사회이념으로 받아들이기에 적절한 것이었습니다.

유교이념이 갖는 유익은 사람사이에 반드시 지켜야할 의무와 행위를 강조한 것입니다. 그런데 문제는 이와 같은 과정에서 지나치게 사람들을 수직적인 위치로 구분했다는 것입니다.

이를테면 임금과 신하, 아버지와 아들, 주인과 종, 스승과 제자 등등 모든 인간관계가 수평적이지 않은 수직적인 위치에 있다는 것입니다. 친구 간, 동기 간, 부부 간,등 수평적인 관계를 전혀 언급하지 않은 것은 아니지만 그것은 수직적인 위계질서 속에서만 이해 될 뿐 이었습니다.

기독교의 수평윤리

그러나 최소한 **가정을 이야기함에 있어서는 부모와 자녀의 수직적인 부분이 있기 전에 부부라고 하는 수평적부분이 먼저 있다고 하는 것입니다. 성경은 가족관계에서 가장 중요한 부분은 부부관계임을 말씀하고 있습니다.** 왜냐하면 가정이 부부관계로 이루어지기 때문입니다. 부모자식간은 그 다음의 문제가 됩니다.

그래서 성경은 남자가 결혼할 때에는 부모를 떠나야한다고 말씀합니다. 창세기 2:24입니다. "이러므로 남자가 부모를 떠나 그의 아내와 합하여 둘이 한 몸을 이룰지로다!"

부부는 둘만의 시간과 자리를 가져야 합니다. 부모를 모셔야 할 장남이라고 해도 한 2년은 독립해서 살다가 들어오는 것이 바람직하다고 결혼상담가들은 이야기합니다. 부모 또한 자녀에게 미련을 못 버리고 자꾸 아들 며느리 속에 끼어들려 하는 것도 안 될 일입니다.

그런데 유교적인 수직관계만 중요하게 몸에 익힌 한국의 어머니는 아들의 애정을 며느리에게 빼앗겼다는 생각을 할 수 있습니다. 아들 또한 아내는 철저히 무시하고 자기식구들만 챙긴다면 이는 성경을 모르는 무지의 소치라고 할 수 있습니다. 그럼으로 **부모님들은 성경에 "부모를 떠나.."라고 기록된 부분을 깊이 새기며 탯줄 두 번 자르듯이 내어 보내야 한다는 것입니다.** 우리는 공자의 제자가 아니라 예수의 제자인고로 수평적관계인 남편과 아내는 서로를 위해서 최선을 다해야하는 것입니다.

수평이 먼저 올바로 잡힌 후에 이루어진 수직관계는 그 관계가 올바로 세움 받게 됩니다. 부부가 서로 사랑하고 참된 하나 됨을 이루게 된다면 그 가운데 자녀들도 잘 자라게 된다는 것입니다. 그래서 서구에서는 자녀교육이라는 말이 특별히 없다고 합니다. 부모교육이라는 말이 곧 자녀교육을 가리키는 말이라고 합니다. 당연히 부모교육은 부부가 서로 아껴주고 사랑해주는 교육을 말합니다.

건전한 부부의 모습 그 이상의 자녀교육은 없다는 말이기도 합니다. 그래서 **"최선의 부부가 곧 최고의 부모"**라는 말이 생긴 것입니다.

우리의 자녀가 사랑스러워서 멋진 최고의 선물을 준비하고자 한다면 그 자녀를 낳은 어미에게 잘 해 주어야 한다는 말이 또한 그 말이기도 합니다. 그 이상의 선물이 아이에게 있을 수 없기 때문입니다.

아내 또한 자신의 남편을 우습게 안다면 결국 자신의 얼굴에 침 뱉는 격이 됨을 잊지 말아야 할 것입니다. 요즘은 상대적으로 지위가 격상된 아내들이 오히려 남편위에 군림하고 있는 인상을 받을 때가 많이 있습니다. 그러나 성경은 아내가 남편의 머리위에서는 것을 용납지 않습니다. 그것은 하나님이 두신 질서를 어그러뜨리는 일이기 때문입니다. 부부는 항상 수평적인 관계에서 서로의 책임을 다 해야 할 것입니다.

서로 분방하지 말라
다만 기도할 틈을 얻기 위하여
합의상 얼마 동안은 하되 다시 합하라
이는 너희가 절제 못함으로 말미암아
사탄이 너희를 시험하지 못하게 하려 함이라

고린도전서 7:5

제9강

부부를 위한 기도와 부부가 드리는 예배

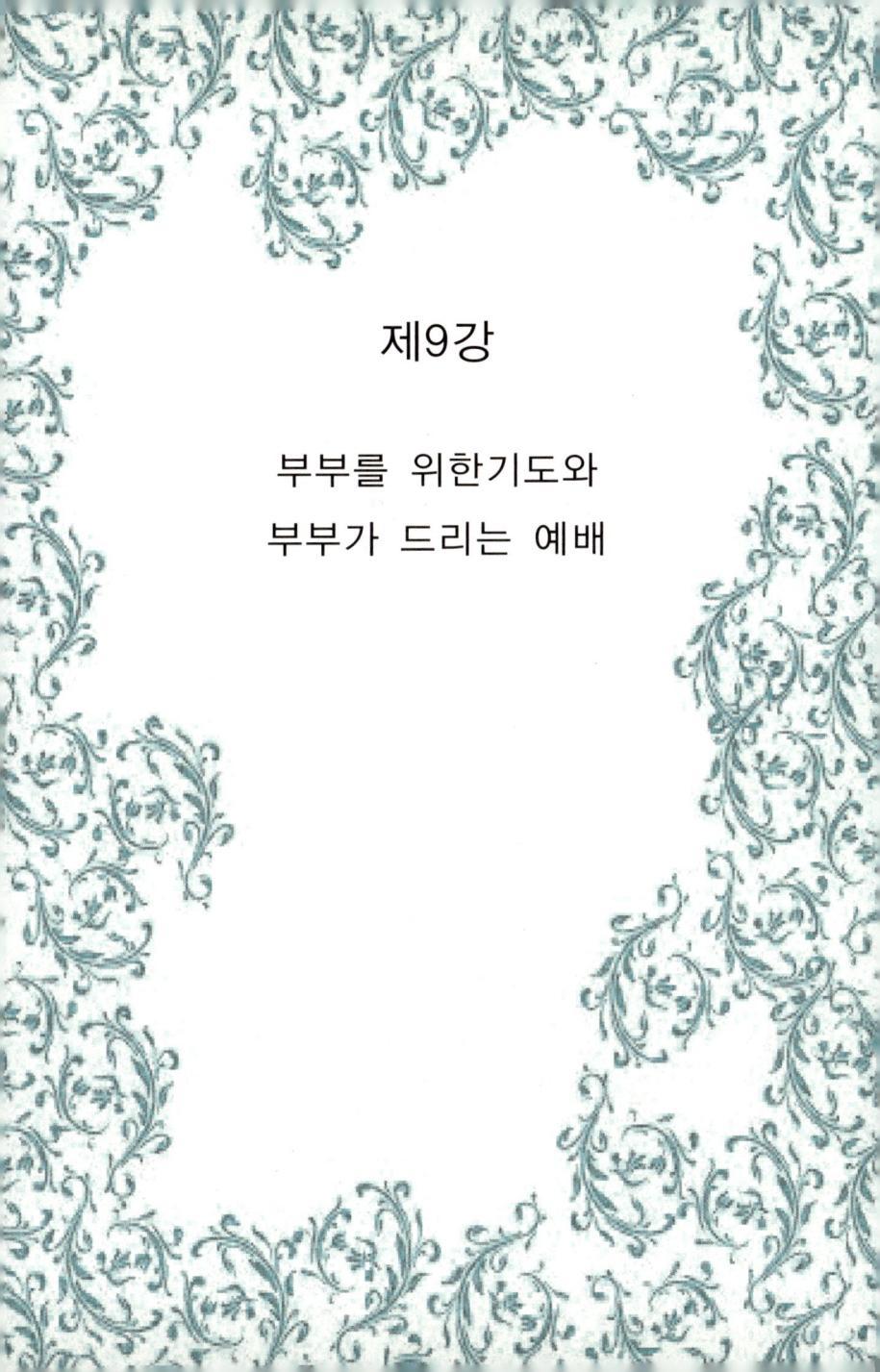

부부를 위한 기도

"이러므로 남자가 부모를 떠나 그 아내와 연합하여 둘이 한 몸을 이룰지로다 아담과 그 아내 두 사람이 벌거벗었으나 부끄러워하지 아니하니라"

(창2:24-25)

사랑의 하나님 아버지!

여기 주님의 허락하심으로 새롭게 한 몸을 이룬 귀한 가정이 있습니다. 이 새 가정의 주인이 하나님 되어주시기를 이 시간 간절히 기도합니다.

주님은 말씀하시길 아담에게서 취하신 갈빗대로 여자를 만드시고 그를 아담에게로 이끌어 오셨다했습니다. 엄밀히 말해서 우리의 배우자들은 모두가 주님의 손에 이끌려 지금 우리 앞에 오게 된 줄을 믿습니다.

사랑하는 주님!

결혼생활이 시작되면서 연애기간에는 보이지 않던 단점들이 보일 때에 그것을 지적하고 고치려들기보다는 나의 것으로 덮을 수 있는 아량과 이해심을 허락하여 주시기를 소망합니다.
 주님의 말씀처럼 서로가 돕는 배필이 되게 하시고 바라는 배필이 되지 않게 하여주시기를 기도합니다! 내가 먼저 상대의 연약함과 부족함을 도울 생각을 갖게 하시고 나에게 맞춰주기만을 바라는 이기적 모습을 버리게 하옵소서!
 나로 하여금 먼저 한 가정을 책임질 수 있는 성숙한 인격자가 되게 하시며, 하나님을 온전히 바라는 믿음의 사람이 되게 하시며, 사랑과 헌신의 사람이 되게 하여 주시옵소서!
 허물은 덮어주고 연약함은 도와주며 부족한 부분이 있다면 나의 것으로 채워주는 배우자가 되게 하여 주시옵소서!
 이러므로 남자가 그 부모를 떠나 그 아내와 연합한다고 했습니다. 경제적이나 정신적이나 모든 면에서 부모님으로부터 독립할 수 있게 하시고 홀로서는 가정이 되게 하여 주옵소서!
 또한 서로의 부끄러운 모습을 보고도 부끄러워 아니했다 하셨습니다. 우리의 몸에 부끄러운 부분이 있는 것처럼 우리의 성품과 인격에도 부끄러운 부분이 있음을 믿습니다.
 부끄러워 한다는 것은 놀림당하고 조롱당할 것이 두려워 우리의 몸을 가리 우는 것입니다. 우리 모두는 부끄러운 부분이 있습니다. 배꼽 밑에 점이 있기 때문입니다. 서로의 부끄러운 모습을 보고도 부끄러워하지 않아야 진정한 부부인 것을 믿습니다.

그러나 부끄러워하고 있다면 이미 놀림당하고, 지적당하고, 조롱당했기 때문인 것을 믿습니다. 자기 자신의 흉을 보고 지적하는 일은 없듯이 배우자의 흉은 곧 나의 흉인 것을 기억하게 하여 주시옵소서!

벌거벗은 모습뿐만 아니라 벌거벗은 인격에도 서로에게 부끄러움이 없게 하여 주시옵소서!

사랑의 주님!

주님 말씀하시기를 아내들을 향하여서는 교회가 그리스도에게 하듯 아내들은 범사에 자기 남편에게 복종 할 지니라! 말씀하시고 남편들을 향하여서는 아내 사랑하기를 그리스도께서 교회를 사랑하시고 그 교회를 위하여 자신을 주심 같이 하라 하셨습니다.

이는 남편이 아내의 머리됨이 그리스도께서 교회의 머리됨과 같음을 믿습니다. 아내는 머리된 남편을 우습게 여기지 않게 하시고, 남편은 예수님처럼 자기 목숨을 내놓을 각오하고 아내를 사랑하게 하여주시옵소서!

하나님이 하나 되게 하신 것을 사람이 나눌 수 없다고도 하셨습니다. 하나님이 하나 되게 하시며, 하나님이 정해주시고, 하나님이 이끌고 오심으로 진정으로 나와 함께 한 몸을 이룬 배필인 것을 한시도 잊지 않게 하여 주시옵소서!

남편이 늙기까지 아내가 곁에서 힘이 되게 하시고 아내가 늙기까지 남편이 곁에서 도움이 되게 하심으로 평생을 해로하며 하나님 앞에 복된 인생을 살아가는 이 부부가 되기를 우리주님 예수그리스도의 이름으로 간절히 기도합니다. 아멘!

부부가 드리는 예배

1) 약혼예배

▶ 개회 : 사도신경
▶ 찬송 : 436. 나 이제 주님의 새 생명 얻은 몸 [(구)493장]
▶ 말씀 : "이러므로 남자가 부모를 떠나 그의 아내와 합하여 둘이
　　　　한 몸을 이룰지로다!"　　　　　　　　　(창세기2:24)

▶ 설교 : 부모를 떠나서..
　오늘 이 시간부터는 이제 새로운 가정이 정식으로 탄생되는 시간이라고 할 수 있습니다. 이제 후로는 우리가 이미 아는 것처럼 온전히 그 마음에서 육체에서 하나가되는 시간입니다.
　참 신비롭고 놀라운 하나님의 역사가 이루어지는 시간 이기도합니다. 한 생명이 태어나는 일이 신비로운 것처럼 한 가정이 태어나는 시간도 하나님 앞에 경이롭고 거룩한 시간이 아닐 수 없습니다.
　많은 사람들이 부부가 한 몸인 것은 부인하지 않습니다. 그러나 한

몸 된 부부가 되기 전에 먼저 분명히 알아야하는 것이 있다는 부분에 대해서는 무지한 것 같습니다.

성경에서 부부가 한 몸 됨을 언급할 때 계속해서 같이 말씀하고 있는 부분이기도합니다. 그것은 "남자가 그 부모를 떠나서 그 아내와 합하여 한 몸이 되어야한다"는 말씀입니다.

부모를 떠난다는 것이 매우 중요합니다. 떠난다는 것은 정신적이고 경제적인 부분에서의 독립을 의미합니다. 부모님과 한 집에 산다고 해도 이 부분에서는 독립적이어야 합니다.

말씀에서 분명히 강조하고 있는 것처럼 남자가 그 부모를 떠나야합니다. 그런 면에서 남자는 마마보이가 되면 안 됩니다. 무슨 일만 있으면 쪼르르 엄마에게 달려가는 남자가되면 이것은 안 될 일입니다. 이제 죽이 되든 밥이 되는 둘이서 해결해야합니다.

노파심에서 언급하지만 '부모를 떠난다'고하는 의미가 부모님의 말씀에 불순종하고 거역해도 된다는 뜻은 결코 아닙니다.

부모님의 의견을 참고하고 수렴하되 결론은 둘이서 내려야 한다는 말씀입니다. 아무 생각 없이 부모님의 결정을 무조건적으로 따르게 되면 그 자녀의 앞길에 결코 득이 되지 않습니다. 홀로 서지 못하고 독립심도 없고 책임감도 없는 세상에 무능한 아들이 되고 맙니다.

얼마나 많은 가정이 부모로부터 독립하지 못함으로 인해 어려움을 격고 그 가정이 파탄에 이르게 되었는지 모릅니다.

그런 면에서 우리의 부모님들 또한 끊어지는 아픔이 있을지라도 아들을 끊어 보낼 줄 알아야합니다. 탯줄 두 번 끊듯이 아들을 끊어 보내야 합니다. 멀리서 바라보며 지켜보는 자세가 필요 합니다
 그것이 지혜롭고 현명한 부모의 모습입니다. 사사건건 매사에 간섭하려하고 치마폭에 두고 있으면 그 아들은 결코 성장하지 못한다는 것을 하나님 말씀을 통해서 깨달아야합니다.
 성경은 "네 부모를 공경하고 순종하라!"는 절대명령이 있지만 또한 결혼 시에는 "네 부모를 떠나라!"라고 하는 명령 또한 있다는 것을 우리의 부모님과 아들들은 기억해야 할 것입니다.

▶ 기도 : 감사하신 하나님 아버지!

하나님 앞에서 약혼식을 치루며 먼저 이렇게 하나님 앞에 예배하게 하시니 감사를 드립니다.
 우리의 만남은 하나님이 예비하신 만남인 것을 믿습니다. 하나님이 설계하시고 세우신 가정이 될 때 오직 주님만이 이 가정의 주인이 되어주시기를 기도합니다.
 부부간에 한 마음 되게 하시고 한 몸 되게 하시며 이 마음 변치 않고 평생을 해로할 수 있도록 역사하여주시옵소서! 지켜보시는 부모님 앞에도 결코 실망을 안기지 않고 자랑스러운 아들과 딸이 되어 믿음 안에 건실한 가정을 일구는 모습을 보일 수 있도록 은혜 베풀어주실 것을 믿습니다.
 이러므로 사람이 그 부모를 떠나 그 아내와 합하여 한 몸이 될 찌

라 말씀 하였사오니 부모님으로부터 온전히 독립 할 수 있도록 정신적이고 경제적인 모든 부분에서 홀로서기를 할 수 있도록 주님께서 함께 하여 주실 것을 믿사오며 언제나 우리와 함께하시는 우리주님 예수그리스도의 이름으로 기도합니다. 아멘!

▶ 폐회 : 주기도문

2) 신혼여행 예배

▶ 개회 : 사도신경
▶ 찬송 : 405. 주의 친절한 팔에 안기세 [(구)458장]
▶ 말씀 : "여호와 하나님이 가라사대 사람의 독처하는 것이 좋지 못하니 내가 그를 위하여 돕는 배필을 지으리라 하시니라 아담이 모든 육축과 공중의 새와 들의 모든 짐승에게 이름을 주니라 아담이 돕는 배필이 없으므로 여호와 하나님이 아담을 깊이 잠들게 하시니 잠들매 그가 그 갈빗대 하나를 취하고 살로 대신 채우시고 여호와 하나님이 아담에게서 취하신 그 갈빗대로 여자를 만드시고 그를 아담에게로 이끌어 오시니 아담이 가로되 이는 내 뼈 중의 뼈요 살 중의 살이라 이것을 남자에게서 취하였은즉 여자라 칭하리라 하니라" (창세기2:18~25)

▶ 설교 : 돕는 배필

하나님께서는 이 세상을 창조하실 때 남편인 아담과 아내인 하와를 통해 하나의 부부를 지으셨습니다. 그리고 그 부부를 기초로 해서 사람이 살아가는 모든 세상의 기초를 삼으셨습니다. 즉 부부간은 창조의 기초원리 이기도하면서 모든 사회의 기본이 되기도 합니다.

하나님은 이곳을 건강하게하심으로 그 가정을 통하여 천국의 복을 흘려보내 주시고자하셨습니다.

먼저 기억할 것은 남편과 아내는 사람이 서로 만나 사랑하기 전에 하나님의 계획아래 만나게 되었다는 사실입니다. 모든 아내는 하나님의 손에 이끌려서 지금의 남편인 아담에게로 온 것과 마찬가지입니다.

사람보기에는 어디가 믿지 내 안 믿지 내 하는 소리를 하지만 하나님은 나보다 나를 더 잘 아시는 고로 정말로 나에게 꼭 맞는 배필을 주신 것입니다.

가끔 연애 할 때는 모르던 실망스런 상대의 모습을 보고는 '결혼 잘 못했나보다!' 하는 경우가 있는데 천만의 말씀입니다. 나는 지금 내 앞에 있는 남편만큼 입니다. 물론 남편도 자신 앞에 있는 아내만큼입니다. 내가 잘 안보이거든 내 앞에 있는 배우자의 모습을 보면 그곳에 내 모습이 보이는 것입니다.

이 시간이후로는 상대의 장점보다는 단점이 더 잘 보일 수 있습니다. 문제는 그곳을 바라보면서 지적하고 내가 고쳐놓겠다는 발상을 버려야한다는 것입니다. 내가 지금 기선을 잡아야한다는 마음에서 실력행사를 해서는 안 된다는 것입니다.

마귀는 한번 치면 다 넘어가는 타점을 알고 있습니다. 그곳이 바로 부부간입니다 이곳만 어그러트리면 다른 곳은 특별히 신경 안 써도 저절로 다 쓰러지는 것을 알고 있습니다.

마귀는 이곳을 허물고자한다면 하나님은 이곳을 세우며 지키고자하십니다.

처음마음으로 돌아가야 합니다. 사랑하는 내 남자 냄새나는 양말하나라도 빨아주겠다는 그와 같은 마음으로 돌아가야 합니다. 그리고 남편은 프로포즈 할 때 왕비처럼 섬기겠다는 그때의 무릎 꿇는 마음을 잃어버리지 말아야합니다.

창세기를 보면 하나님은 부부간에 서로 돕는 배필이 되게 하셨지 서로 바라는 배필이 되게 하지 않았습니다.

나에게 이렇게 해주길 바로고있어서는 안되고 상대의 부족한 것이 보이거든 내 것으로 먼저 채워주는 것으로 성경이 말하는 돕는 배필이 되어야 할 것입니다.

하나님은 오늘의 남편과 아내를 만나 하나 되게 하실 때 절묘하게 서로가 없는 것을 아시고 만나 살게 하셨습니다. 이제 이후로는 도울 생각만 하고 살면 될 것입니다.

▶ 기도 : 사랑이 많으신 하나님 아버지!
오늘 우리 두 사람을 한 몸으로 불러주시고 거룩한 하나님의 가정으로 세워주시니 감사합니다. 주님께서 주신 말씀에 따라 우리 부부가 서로에게 돕는 배필이 되게 하시고 바라는 배필이 되지 않게 하시기를 기도합니다.

상대의 부족함을 보고는 내 것으로 채워주고, 허물이 보일 때는 감싸주며, 연약한 모습을 보았을 때는 도울 수 있는 부부사이가 되게 하여 주시옵소서!

우리 부부사이에 악한 마귀가 틈타지 못하게 하시며 몸과 마음이 주의 성령으로 하나 되게 하실 때에 우리가정을 항상 돌보시며 은혜주시며 지켜주실 것을 믿습니다.
 신혼여행의 남은 모든 일정과도 함께하시고 복된 시간이 되게 하옵시기를 간절히 원하오며 또 하나의 하나님 가정을 세워주심에 감사드리며 우리주님 예수 그리스도의 이름으로 기도합니다. 아멘!

▶ 폐회 : 주기도문

3) 결혼기념일 예배 (1)

▶ 개회 : 사도신경
▶ 찬송 : 569. 선한 목자 되신 우리 주 [(구)442장]
▶ 말씀 : "아내들이여 자기 남편에게 복종하기를 주께 하듯 하라 이는 남편이 아내의 머리됨이 그리스도께서 교회의 머리됨과 같음이니 그가 바로 몸의 구주시니라 그러므로 교회가 그리스도에게 하듯 아내들도 범사에 자기 남편에게 복종할지니라. 남편들아 아내 사랑하기를 그리스도께서 교회를 사랑하시고 그 교회를 위하여 자신을 주심 같이 하라 이는 곧 물로 씻어 말씀으로 깨끗하게 하사 거룩하게 하시고 .." (에베소서5:22~26)

▶ 설교 : 순종과 사랑

오늘로 00주년 결혼기념일을 맞이하면서 하나님 주시는 말씀을 받도록 하겠습니다. 성경은 진리의 말씀인고로 세상이 아무리 12번 변해도 오늘 말씀과 같이 남편에게 주신 말씀과 아내에게 주시는 말씀이 변하지 않습니다.

하나님은 그 시대가 어떤 시대이건 간에 아내는 남편에게 순종 할 것을 말씀하시고 남편은 그 아내를 사랑할 것을 말씀하고 있습니다. 성경을 구시대적 산물로 아는 분이 있다면 하나님도 구시대 하나님

신시대 하나님 다른 분이됩니다.

내 귀에 듣기 싫건 좋건 간에 하나님이 이 땅에 두신 질서는 아내의 머리는 남편이 되고 남편의 머리는 그리스도라고 하는 사실입니다. 머리는 대표요 결정권자라는 의미라고 할 수 있습니다.

아내는 남편을 세워야하고 남편을 통해서 자신을 드러낼 줄을 아는 지혜가 있어야합니다. 그것이 참으로 하나님이 원하시는 성경적인 아내의 모습입니다. 남편은 또한 주님께서 당신의 교회를 위해서 십자가를 지신 것과 같이 아내를 위해 목숨을 내어놓을 각오를 하고 아내를 사랑해야합니다.

아내는 남편의 사랑을 받아야하고 남편은 아내의 순종을 받아야합니다. 아내가 남편에게 순종하는 모습을 보고 남편은 또한 영적인 신랑인 주님께 순종하는 것을 배우게 됩니다. 아내는 남편의 사랑을 받으면서 주님께서 당신의 신부인 성도를 얼마나 사랑하셨는지 또한 알게 되는 것입니다. 이것이 남편과 아내를 통하여 하나님께서 알게 하신 그리스도의 비밀이 됩니다. "사람이 부모를 떠나 그의 아내와 합하여 그 둘이 한 육체가 될지니 이 비밀이 크도다. 나는 그리스도와 교회에 대하여 말하노라!"

사탄마귀는 남편에게 불순종 할 수밖에 없는 정당성을 아내들 안에서 부추길 것입니다. 또한 아내를 사랑할 수 없는 이유를 우리의 남편들에게 끊임없이 생각나게 할 것입니다. 순종과 사랑이 깨어진 부부는 진정한 부부라고 할 수 없습니다.

아내는 남편에게 순종하고 남편은 아내를 사랑할 때 그곳에서 하나님이 바라시는 천국에 가정이 세워지는 것 입니다. 순종과 사랑은 선순환은 그 가정을 통해 천국을 이룰 것이지만 불순종과 미움에 악순환은 그 가정을 지옥으로 이끌고 갈 것입니다.

그것은 마치 부모가 자녀를 사랑하고 자녀는 부모에게 순종하는 것과 같은 이치입니다. 순종과 사랑은 하나님께서 우리 가정 안에 두신 창조의 질서를 이루는 근본 가치인 것입니다. 항상 우리 부부와 가정 안에 순종과 사랑의 선순환이 있기를 주님의 이름으로 축원합니다.

▶ 기도 : 사랑이 많으신 하나님 아버지!

지나온 시간동안 우리부부를 사랑하여주시어서 늘 함께 계시고 하나 되게 하심에 감사를 드립니다. 우리가 하나 되는 과정에서 갈등이 있고, 다툼이 있고, 문제가 있었지만 이 모든 과정 가운데서 해결이 되신 주님을 찬양합니다.

이 시간 기도하오니 이 시간 우리가 하나님이 이 땅에 두신 창조의 질서와 그 가치대로 우리부부가 세움을 입을 수 있도록 역사하여 주시기를 기도합니다.

사람들이 순리를 따라 살아야한다는 말을 하듯이 우리는 하나님의 말씀을 따라 살아야 함을 믿습니다. 남편으로서 아내를 아끼며 사랑하게하시고 아내로서는 남편을 존경하며 순종하게 하여 주시옵소서!

순종과 사랑이 가득한 우리 부부와 또한 우리가정이 될 때 하나님

주시는 놀라운 평강과 천국의 기쁨을 누릴 수 있게 하실 것을 믿사오며 우리부부를 말씀대로 하나 되게 하시는 우리주님 예수그리스도의 이름으로 기도합니다. 아멘!

▶ 폐회 : 주기도문

4) 결혼기념일 예배 (2)

▶ 개회 : 사도신경
▶ 찬송 : 449. 예수 따라가며 [(구)377장]
▶ 말씀 : "전에 하나님께 소망을 두었던 거룩한 부녀들도 이와 같이 자기 남편에게 순종함으로 자기를 단장하였나니 사라가 아브라함을 주라 칭하여 순종한 것 같이 너희는 선을 행하고 아무 두려운 일에도 놀라지 아니하면 그의 딸이 된 것이니라 남편들아 이와 같이 지식을 따라 너희 아내와 동거하고 그를 더 연약한 그릇이요 또 생명의 은혜를 함께 이어받을 자로 알아 귀히 여기라 이는 너희 기도가 막히지 아니하게 하려 함이라" (베드로전서3:5)

▶ 설교 : 지식을 따라..

 오늘 결혼기념일을 맞아 하나님 앞에 예배하는 우리부부에게 크신 은총을 주실 것을 믿습니다. 서로 다른 환경 속에서 살다가 하나님의 설계하심으로 한 가정을 이루게 된지도 벌써 00주년이 되었습니다.

 결혼기념일을 맞아 하나님이 주신 말씀을 받도록 하겠습니다. 먼저 아내들에게 주시는 말씀입니다. 오늘 본문의 말씀처럼 아내들은 남편인 아브라함을 '주'라고 칭했던 사라와 같이 남편을 주님처럼 섬길 것을 말씀합니다. 이 말씀을 세상에 속한 여인들과 같이 구시대적이고 가부장적인 가르침으로 받아서는 안 될 것입니다. 여인의 아름다운 단장은 몸치장에 있지 않고 그 남편에게 순복하는 모습이 곧 여인으로서 할 수 있는 최선의 단장임을 기억해야 할 것입니다.

본문의 말씀과 같이 세상에 소망을 둔 여인이라면 결코 받을 수없는 말씀이겠지만 하나님께 소망을 두고 살아가는 여인이라면 이 말씀을 진리의 말씀으로 받게 될 것입니다.

남편을 거역하고, 남편을 조롱하고, 남편을 우습게 아는 여인은 그녀가 아무리 멋진 옷과 화장으로 자신을 단장했다고 해도 그 안에는 전혀 아름다움이 없습니다.

남편들도 마찬가지입니다. 아내 사랑할 줄 모르는 남편은 그의 기도 또한 헛된 기도가 될 것입니다. 오늘본문에는 기도가 막힐 것이라 하셨습니다.

하늘의 유업을 같이 받을 자로 알고 끔찍이 여기라는 말씀은 이 세상 살아간 성적표가 같이 나올 것이라는 말씀입니다. 남편 혼자 아무리 똑똑하고 잘나도 아내를 홀대하면 하나님이 평가하시는 그 남편의 시험성적은 반타작으로 나올 것입니다.

또한 아내는 연약한 그릇과도 같음으로 잘 다루어야 할 것입니다. 잘못 다루면 깨어지고 다시 붙이기 어렵습니다. 언제나 조심조심 끔찍이 다루어야 할 것입니다.

그리고 또한 남편들에게 주시는 말씀은 '지식을 따라 거하라!'는 말씀입니다. 남편은 아내를 공부해야합니다. 아내라고 하는 여인은 나와 같은 사람이라고 하는 것 외에는 모든 것이 다 다르다는 것을 미리 알고 접근해야합니다.

정서가 다르고, 동기가 다르며, 관심이 다르고, 지향하는 곳이 다릅니다. 그러기위해서는 남편은 끊임없이 아내를 공부하고 아내를 연구하며 내 아내에 관한 지식을 쌓아야합니다.

이 지식을 쌓지 않으면 그 결혼생활은 힘든 결혼 생활이 될 것입니다. 결혼생활은 그냥 되는 것이 아닙니다. 오늘말씀처럼 남편과 아내가 서로간의 지식을 쌓으며 함께 거하는 것으로 그 관계가 서로를 이해하는 복된 관계로 평생을 해로하는 부부가 될 것입니다.

▶ 기도 : 사랑이 많으신 하나님 아버지!
이렇게 결혼 한지 벌써 00주년을 맞으며 지나온 세월을 돌아볼 때 아내로서 남편에 권위를 인정하지 않고 남편을 무시했던 부분이 있었다면 용서해주시기를 기도합니다. 또한 남편으로서 아내를 귀히 여기며 아내를 향한 지식을 갖는 데에 소홀했던 것도 용서해주시기를 바랍니다.

하나님이 주신 말씀을 따라 사는 우리부부가 하나님주신 천국을 우리 가정 안에서 경험하며 살 수 있도록 우리 부부를 진정으로 하나 되게 하시기를 기도합니다.

부부는 하나님이 지으셨으니 부부간의 삶의 원리도 하나님이 정하셨음을 믿습니다. 아내는 남편을 높이고 남편은 아내를 귀히 여기며 살아가는 우리 부부가 되게 하여 주시옵소서.

 아내가 늙기까지 남편이 옆에서 돕는 배필이 되게 하시고 남편이 늙기까지 아내가 곁에서 돕는 배필이 되게 하여 주심으로 평생을 해로하는 은혜를 주실 것을 믿사오며 우리부부를 하나 되게 하시는 우리주님 예수 그리스도의 이름으로 기도합니다. 아멘!

▶ 폐회 : 주기도문

5) 부부의 여행 중에 드리는 예배

▶ 개회 : 사도신경
▶ 찬송 : 304. 그 크신 하나님의 사랑 [(구)404장]
▶ 말씀 : "그러므로 교회가 그리스도에게 하듯 아내들도 범사에 자기 남편에게 복종할지니라 남편들아 아내 사랑하기를 그리스도께서 교회를 사랑하시고 그 교회를 위하여 자신을 주심 같이 하라 이는 곧 물로 씻어 말씀으로 깨끗하게 하사 거룩하게 하시고 자기 앞에 영광스러운 교회로 세우사 티나 주름 잡힌 것이나 이런 것들이 없이 거룩하고 흠이 없게 하려 하심이라 이와 같이 남편들도 자기 아내 사랑하기를 자기 자신과 같이 할지니 자기 아내를 사랑하는 자는 자기를 사랑하는 것이라 누구든지 언제나 자기 육체를 미워하지 않고 오직 양육하여 보호하기를 그리스도께서 교회에게 함과 같이 하나니 우리는 그 몸의 지체임이라" (에베소서 5:24~30)

▶ 설교 : 형통과 영광

오늘 이렇게 부부가 하나 되게 하시는 여행길을 허락하시고 동행이 되어주신 주님께 감사드립니다. 인생이라고는 여행길에서 반려자로 만나게 하시고 일상을 함께하다가 이렇게 오붓하게 둘만의 시간을 가질 수 있도록 은혜 베풀어 주신 주님께 또한 감사를 드립니다. 오늘도 남편과 아내에게 주시는 하나님의 말씀을 하나씩 받도록 하겠습니다.

먼저 아내에게 주시는 말씀입니다. 주님은 교회의 성도들이 신랑인 예수님께 순종하듯 아내들이 남편을 따르고 순종할 것을 오늘도 말씀하십니다.

그러므로 아내들은 남편을 바라볼 때 한숨지으며 답답하다 생각하면 안 됩니다. 가끔 남편들을 향하여 경제적 능력이나 세상을 보는 안목이 자신만 못하다고 답답해하며 아내들이 하는 말이 있습니다. "성경은 남편에게 순종하라고 하는데 그러면 어리석은 남편의 판단과 말에도 순종해야하나요?"를 묻는 경우가 있습니다.

그러나 이 세상은 꼭 능력 있는 사람이 형통하는 것은 아닙니다. 형통하게 하시는 분이 은혜를 주셔야합니다. 그런 면에서 능력보다도 전략보다도 머리 좋은 것보다도 더 중요한 부분이 화합이라는 부분입니다. 남편이 결정했으면 그 이후로는 그 결정을 내 결정으로 알고 섬길 때에 하나님 주시는 형통이 있을 것입니다. 아무리 좋은 판단과 결정에도 화합이 없으면 그곳에 형통과 성공은 없습니다.

창3:8을 보면 "너는 남편을 원하고 남편은 너를 다스릴지라!"로 되어있는데 여기서 남편을 원한다는 말의 원래의미가 지배한다는 의미입니다. 그래서 표준 새번역에는 사모한다는 말을 "네가 지배하려하겠지만.."으로 되어있고 의역한 공동번역에는 "네가 마음대로 주무르려고 하겠지만.."으로 되어있습니다.

이걸 보면 하나님은 벌써 남편을 자기마음대로 하려고하는 아내들의 심리를 알고 계셨습니다.

남편을 통해서 도리어 내 모습을 볼 때 겸손히 따를 수 있습니다. 나는 아무리 잘났어도 내 앞에 있는 남편 만큼이라는 것을 잊어서는 안 됩니다. 그러므로 아내들은 교만을 버리고 남편을 섬길 수 있어야합니다.

또한 남편들에게 주시는 말씀은 오늘 본문말씀처럼 "아내를 사랑하는 것이 자기를 사랑하는 것이다!"라고 하는 말씀입니다. 예수님은 당신의 아내인 성도들을 자신의 피로 죄를 씻기시고 거룩하게 하신 것으로 성도들을 영광스럽게 하신 것과 같이 남편이 아내를 위하여 사랑하고 아끼는 것은 곧 아내를 영광스럽게 하는 것이라는 말씀입니다.

예수님은 신부인 성도들에게 사랑을 주시는 것으로 곧 자신의 몸에 하듯 하셨다고 하셨습니다. 그래서 교회는 그리스도의 몸인 것입니다. 이와 마찬가지로 남편들도 자신의 몸을 옆에 있는 아내로 알고 자기 몸을 위해 보양식 먹고 아끼듯이 아내를 아끼고 사랑하라는 말씀을 주신 것입니다. 예수님이 성도들을 보양하듯 남편들은 아내들을 보양해야합니다. 그것이 곧 자기를 위하는 길이라고 말씀하십니다.

남편이 아내의 순종을 받을 때에 형통에 역사가 있을 것입니다. 또한 아내가 남편의 사랑을 받을 때에 아내는 영광스로워 질 것입니다. 형통과 영광이 부부사이에 영원하기를 기도합니다.

▶ 기도 : 사랑이 많으신 하나님 아버지!

오늘 이렇게 귀한 시간을 내어서 부부간에 여행을 떠날 수 있는 모든 여건을 허락하시고 여행 중에 주님 앞에 예배드리며 우리 부부를 하나 되게 하시는 하나님께 영광을 돌리게 하시니 감사를 드립니다.

오늘 말씀을 통해 부부를 한 몸 되게 하시고 한 마음 되게 하심이 그리스도와 교회가 하나 되게 하심과 같다는 말씀을 들었습니다.

예수님이 성도를 사랑하듯이 남편은 아내를 더 많이 사랑하게하시고 아내는 교회가 그리스도에게 순종하듯 더 깊은 순종을 남편에게 할 수 있는 은혜를 허락하여주시옵소서!

여행 중에 동행하시고 더욱 깊은 사랑과 순종이 돈독해지게 하시는 여행길이 되게 하심을 감사하오며 이 모든 말씀을 우리주님 예수그리스도의 이름으로 기도합니다. 아멘!

▶ 폐회 : 주기도문